改訂版

何を書けばいいかわからない人のための
小論文のオキテ55

鈴木鋭智

＊ …た『何を書けばい
…論文のオキテ55』の改訂版
…。

KADOKAWA

まえがき

「何を書いたらいいかわからない（泣）」

それは小論文に《正解》があることを知らなかっただけだ。

この本は、君のためにある。

「課題文読むのぉ、マジ面倒くさいんですけどぉ？」

それは課題文に《メッセージ》が隠されていることを知らなかっただけ。

この本は、君のためにある。

「自分の主張を書いたら『主観的だ』といわれるし、説明だけ書いたら今度は『あなたの意見がない』っていわれる。どっちやねん！」

それは《意見》という言葉の意味を学校が教えてくれなかったからだ。
この本は、君のためにある。

「いつも途中でドツボにはまって時間切れ……」

それは《考えても仕方のない話題》を選んでしまっていたから。
この本は、君のためにある。

多くの受験生にとって、小論文はつかみどころのない暗闇のような科目だよね。

何が正解かわからないから、どこかで読んだ文章をパクって埋めてみたり、難しい言葉を並べてカモフラージュしたり、安易な「○○方式」に飛びついたり……。

でも、そんな小細工では原稿用紙は埋まらなかったはずだ。

大事なのは「どう書くか」ではなく、「何を書くか」。

じつはこれ、日本の国語教育の盲点だったんだよ。「何を書くか」の見つけ方なんて、高校では教えてくれない。大学入試の小論文では要求されているのに。

だから僕はこの本を書いた。

ゴールの見えない暗闇でシュートを蹴るような、不毛な小論文はやめよう。

出題者が求める《正解》がわかれば、きれいなシュートは自然に決まる。

暗闇を抜け出すための、最初の扉を開こう！

改訂版　何を書けばいいかわからない人のための小論文のオキテ55　もくじ

まえがき　2
本書の特長と使い方　14

第一章　小論文には「正解」がある

1 これが受かる答案と落ちる答案だ！　16
2 「意見を述べよ」にはこれを書け　18
3 小論文と作文は、ココが違う　20
4 オレのやる気を見てほしい？　22

contents

5 君の思想なんかいらない 24
6 で、君の意見は何？ 26
7 どうやったらめだつ答案になりますか？ 28
8 大学はどんな学生を求めているの？ 30
9 ぶっちゃけ、何点取ったら受かるんですか？ 34
Q&A 38

第二章 課題文メッセージ別攻略法

10 切り口がパッと見つかる課題文の読み方 40
11 つかみどころのないテーマって、困る 44
12 「最初に賛成／反対を」とは限らない 46

13 筆者の意見にはとりあえず反対してみる 48
14 課題文の丸写しにならない賛成のしかた 50
15 二つの意見が対立しているとき 52
16 グラフ問題はここを見ろ 56
17 要約は後回しでいいですか？ 60
課題文のオキテフローチャート 64

第三章 本番で使える三段落構成

18 本番で使える三段落構成×二パターン 66
19 同じことを三回くり返してしまう 70
20 「先に結論を書く」のはあり？ なし？ 72

contents

21 「賛成か反対か」のときの段落構成 74
22 「起承転結」じゃダメなんですか？ 78
23 何かてっとり早い練習法ないっすか？ 80
Q&A 82

第四章 意外とできない「日本語」のルール

24 知らないと恥ずかしい原稿用紙のルール 84
25 カジュアル言葉、フォーマル言葉 88
26 主語と述語がよくズレる 92
27 説明には順番がある 94
28 「しっかりと」を具体的にいうと？ 96

29 否定語だけでは伝わらない 98
30 「変化」を引き立たせるには？ 100
31 「世界一」を目指すのは何のため？ 102
32 「客観的に説明する」とは？ 104
33 「どういうことか」は三種類 106
34 「なぜ」に弱いと出世できない 110
Q&A 114

第五章 学校では教えてくれない問題解決のルール

35 問題解決には順序がある 116
36 「コピペレポート」の何が悪いのか？ 118

contents

37 電車内の本当のマナー違反とは？ 122
38 「ドアが重い」も実害か？ 126
39 公務員の「意識改革」で日本は変わるか？ 128
40 校則で交通事故は減らせるか？ 130
41 パレスチナ問題はだれの責任？ 134
42 「いじめ」は教育でなくせるか？ 138
43 少子化対策に移民は有効か？ 140
44 木を植えて南極のペンギンを救えるか？ 142
演習 実際に小論文を書いてみよう！ 144
Q&A 164

第六章　志望理由書のオキテ

45 志望理由に書いていいこと、悪いこと 166
46 学部選びは職業選び 170
47 少年よ大志を抱け……ところで「大志」って何だ？ 172
48 オープンキャンパスで志望理由のヒントを探そう 174
49 自己PRは過去形で 178
50 ショボイ実績の部活をどう書くか 182
Q&A 184

contents

第七章　さあ、過去問に挑もう！

51 まず過去問をゲットしよう！　186
52 小論文模試はこう受ける　188
53 時間配分に気をつけて　190
54 上達の決め手は原稿用紙のファイリング　194
55 先生に添削をお願いするコツ　198

あとがき　200
謝辞　203
改訂版によせて　204

本文イラスト：村山宇希
校正：㈱鷗来堂
DTP：㈱フォレスト

●本書の特長と使い方

●本書は過去問に挑戦する前の「**最初の一冊**」として、**基本的な考え方と書き方を身につける**ための本です。

●過去問を解くときも本書を手元に置いておいてください。書きながら迷ったり困ったりしたとき、本書を開いてください。**本書の中にヒントがあります**。

●本書には解答例として社会のさまざまな問題に対する「**解決策**」が登場します。これらは**小論文の思考法を教えるための例**であり、著者および出版社がこれらのアイデアを世に提言するという性質のものではありません。念のため。

第一章

小論文には「正解」がある

「小論文には正解がない」「自由に書けばいい」「採点者のセンスに左右される」……これらは全部ウソ。まずは小論文の“都市伝説”を打破し、大学が求める「正解」を知ろう。

1 これが受かる答案と落ちる答案だ！

スポーツでも音楽でも、上達の秘訣《ひけつ》はよいプレーと悪いプレーを見分ける目（聴き分ける耳）を養うこと。これから小論文のオキテを学ぶ君も、まずは次の二つの文章を読み比べてみよう。何が違うか、わかるかな？

問題

格差社会について、あなたの意見を二〇〇字以内で述べなさい。

ガッカリ答案

福沢諭吉もいうように天は人の上に人を作らず、人間はみな平等だ。それなのに収入が多い、少ないというだけで上流、下流と区別されるのは理解できない。お金がすべてなのだろうか。私はそうは思わない。世の中には脱税をしたり他人を犠牲にしたりして金持ちになっている人間が大勢いる。そんな「上流」が威張っている格差社会なんて許せないと私は思う。

スッキリ答案

格差社会の問題点は低所得そのものよりも、子どもに貧困が連鎖することである。衣食住が不十分な環境では落ち着いて勉強することができず、いい学校に進み高収入の仕事に就くことが難しいのである。

したがって、貧困家庭の子どもたちに食事や勉強の場を与えるべきである。たとえば学童保育を「二十四時間、食事無料、中学生まで」と拡大することが考えられる。

「格差社会について」と問われたら、「金持ちに対する恨みを書け」ではなく「低所得者を救え」という意味だ。「ガッカリ答案」はこの点を勘違いしちゃったね。

しかも「ガッカリ答案」は個人的な感想ばかりで読み手に何のメリットもない。これに対して「スッキリ答案」の提案なら貧困家庭の子どもを何人か救うことができる。

つまり、「**出題意図を正しく理解して、読み手にメリットを与える答案**」、これが受かる答案なんだよ。

オキテ1

出題意図を理解して、読み手にメリットを与えるのが受かる答案。

2 「意見を述べよ」にはこれを書け

問題 ○○について、あなたの意見を述べなさい。

「い、意見？　特に……ないんですけど（汗）」

「まったく、いまどきの若い子は自分の意見ももてないんだから！」

「意見を述べよ」といわれると固まってしまう人って、多いよね。「小論文が書けない」「書くことが思いつかない」と嘆《なげ》く人のほとんどはここでつまずいている。

それは、何を答えたら「意見」とよべるのかを知らないからだ。

そもそも「意見」って、何だろう？

「今日は天気がいい」……これは「意見」というより「事実の説明」だね。

「今日は天気がいいからうれしい」……これは個人的な「感想」だ。

「意見」と「意見ではないもの」の違い、それは**「賛成／反対」が成り立つかどうか**。

「天気がいい」に対し「反対」といったところで雨が降るわけではないし、「うれしい」に反対されたからといって青空が嫌いになるわけではないよね。

では、これはどうだろう？

「今日は天気がいい。だから、ピクニックに行こう」

これなら「うん、僕もピクニックに行きたい」という賛成も、「いやだ、家でのんびりしたい」という反対もありえる。

つまり「**意見**」**とは**「**何かを提案すること**」なんだよ。

大人はよく「最近の若者は自分の意見ももてない」というけど、「意見」という言葉の意味を教えずに「意見」を求める方が無茶な話だ。

これからは「意見を述べよ」と求められたら、下手でもいいから「〇〇するべきだ」「△△しよう」という提案を書こう。そのとき反論されることを恐れちゃいけない。影響力のある「いい提案」ほど、賛成／反対の議論が起こるものだからね。

オキテ❷

意見とは、提案である。

3 小論文と作文は、ココが違う

問題 きのうの遠足について、思ったことを書きなさい。

意見とは、提案だ。

とはいっても、小論文で「海行こうぜ！　海！」とか書いてるようじゃ大学は遠いよなあ。入試で求められるのは日常生活とは異なるレベルの提案だ。

小論文でよく出題されるテーマといえば、環境問題、学校でのいじめ、雇用《こよう》問題や格差社会、日本とアジア諸国との関係、少子高齢化……。

これらの共通点がわかるかな？

いずれも「世の中で問題になっている」ことだ。

世の中のだれかが困っている。ということは、「問題点」を明らかにして「解決策」を提案しなくてはならないはずだよね。

つまり、「問題解決」をしている文章を「小論文」、これができていない文章を「作文」とよぶんだよ。

したがって、右の問題に対する「作文」と「小論文」は、次のようになる。

作　文　きのうの遠足はとても楽しかった。クラスの仲間ともいい思い出を作ることができた。来年もまた行こう。

小論文　きのうの遠足で一部の生徒が山道にゴミをポイ捨てしていた。来年度は各自一枚ずつゴミ袋を持参しよう。

大学によっては試験科目の名称が「作文」となっている場合がある。

でも心配ご無用。「小論文（問題解決）」の試験で作文を書いたらアウトだけど、「作文」の試験で小論文（問題解決）を書いたら、圧勝だ。

オキテ③

小論文＝問題点＋解決策

4 オレのやる気を見てほしい？

問題

裁判員制度について、あなたの意見を述べなさい。

このようなテーマでは「裁判員制度が抱える問題点」を挙げ、それらを解決するために「制度をどのように改善すべきか」を提案するのが正解。

ところが、なかには途中からこんな展開になってしまう人、いるよね。

ガッカリ答案

私が貴大学の法学部に入学した暁《あかつき》には、裁判員制度についてよく学ぶとともに、部活動にも励み、人間的にも成長したい。やる気、本気、元気ならだれにも負けない自信がある！

まあ、落ち着け（笑）。

「入学後の抱負」を書いていいのは、「～について、入学後の抱負を交えて論じなさい」という条件がついた場合だけ。そうでなければ裁判員制度のことだけ書くべきだ。

「小論文では人間性が評価される」といわれていたのは一九九〇年代までの話。でも、「人間性」って小論文ではわからないんだよね。「お年寄りには席を譲《ゆず》ります」はウソでも書ける。

そんなウソつき作文に何度も騙《だま》されたからかどうかはさだかではないけれど、二〇〇〇年頃から「問題解決」を要求する出題が増えはじめた。さらに学生の学力低下が問題視されるにつれて、いまや推薦《すいせん》入試でも学力や思考力を重視する傾向にある。

そのため現在では**「やる気」は志望理由書で、「問題解決マインド」は小論文で評価するという分業**が進んでいるんだよ。

もし自分の「やる気、本気、元気」をアピールしたいなら、志望理由書で思いっきり語るべきだ。

オキテ④ 「やる気」のアピールは志望理由書で。

5 君の思想なんかいらない

問題 地球温暖化がもたらすメリットを述べなさい。

ガッカリ答案

地球温暖化によって、世界各地で氷河が溶けたり生態系が変化したり異常気象が起きたりしている。これは人類のエゴに対する大自然の怒りだ。私は地球上のすべては一つの生命体であると信じている。人類もその一員であることを思い出さなければならない。

設問の「罠《わな》」にはまったねえ(笑)。若いうちから自分の思想をもつことはすばらしい。でもそれを書きたくてウズウズしていると、「地球温暖化」と「述べよ」だけに反応して、「オレの思想を主張するチャンス!」と突っ走ってしまうんだよね。

問われているのは温暖化の「メリット」だ。普段は考えたことないかも知れないけど、それを考えろという問題なんだからしょうがない。

スッキリ答案

温暖化によって積雪量が減少すると、北国の人々の除雪の苦労や費用が軽減される。またほかの地方でも気温の上昇によって、これまでは日本で育たなかった作物を栽培することも可能になる。したがって温暖化を止めようとするよりも、気候の変化に生活スタイルや産業を合わせていく方が現実的である。

問われたことに答えるのがテストの基本。それを無視して自分の語りたいことを一方的に書いては、「大学に入っても教授の話を聞かないやつ」と見なされる。合コンでも、相手の話を聞かずに自分のことばかり話すやつはモテないぞ。大学入学後のために肝《きも》に銘《めい》じておこうぜ。

オキテ⑤

自分の思想より、問われたことに答えよう。

6 で、君の意見は何？

問題

遺伝子組み換え技術について、あなたの意見を述べなさい。

この問題の場合、遺伝子組み換え技術を「全面禁止すべき」なのか「全面解禁すべき」なのか、それとも「△△の分野に限り認める」と条件をつけるのか、などの選択になる。どんな問題点に着目してどの選択肢を選ぶのかが「あなたの意見」にあたるわけだ。ところが、なかには自宅で何日もかけてこんな答案を書いてくる人がいる。

モヤモヤ答案

一九五三年にワトソンとクリックがＤＮＡの二重らせん構造を発見して以来、遺伝子工学、なかでも遺伝子組み換え技術はめざましい勢いで発展してきた。しかしこの技術がもたらす危険性も認識されはじめ、一九七五年、アシロマ会議をきっかけに遺伝子組み換えについてのガイドラインが制定され、二〇〇三年にはカルタヘナ議定書《ぎていしょ》が発効された。さらに近年はDNAの塩基配列を自由に書き換えるゲノム編集の技術が進歩している。二〇一五年には中国でヒト受精卵のゲノム編集が行われ……

いかにも「調べた知識を詰《つ》め込みました！」って感じだね。

いわゆる優等生タイプに多い答案だけど（予備校の「模範解答」にも多い！）、受け売りの知識ばかりで自分の意見が見えなくなっては意味がない。それに、事前に用意した知識が本番で的中《てきちゅう》するとは限らない。

相手は君たちの何百倍も物知りな大学教授だ。彼らを相手にいくら知ったかぶりしても、知識量だけで「この子、すごい！」と感心してもらえるわけはない。

もちろん知識はあるに越したことはない。でもそれは答案に書くネタとしてではなく、課題文を読むためのヒントにすぎない。原稿用紙に書くのはあくまでも「自分なら○○を提案する」という意見だということを忘れずに。

オキテ❻
知識ではなく、自分の提案を書こう。

7 どうやったらめだつ答案になりますか?

問題

地球の環境汚染について、あなたの意見を述べなさい。

ガッカリ答案

ズバリ! ほかの惑星に移住すればいい。新しい環境に適応できるよう、地球人のDNAを遺伝子操作で改良するべきだ。

めだてばいいってもんじゃない。よく「最初の『つかみ』でめだたなければ、続きを読んでもらえない」という噂《うわさ》を聞くけど、それはウソ。大学教授は優秀な学生を逃したくないから結構しっかり読んでくれる。

第一段落でポイされてしまうのはめだたない答案ではなく、的外《まとはず》れなことを書いている場合だ。あ、この「ガッカリ答案」か。

奇抜《きばつ》なことを書こうとすると、人は焦《あせ》っていきなり解決策をポンと出してしまいがち。そのため、うっかり問題の所在と原因を飛ばしてしまうんだよ。

地味でもいいから、問題点とその原因をじっくり考えよう。

スッキリ答案

インドやメキシコなどの新興国《しんこうこく》における大気汚染や水質汚染が周辺国へも被害をもたらしている。これらの国々では急速な工業化のため環境への配慮《はいりょ》が後回しになりやすい。先進国の企業と政府が現地への技術協力をし、環境汚染を防止するべきだ。

たしかに世の中には本当に独創的な人や企業が数多く存在するよね。でも彼らが「独創的」とよばれるのは単にハチャメチャやってるからではない。

「**小さな問題点に気づき、深く原因を追究する**」という地味な努力をライバルより多く積み重ねた結果にほかならないんだよ。

オキテ⑦

めだたなくていいから、問題解決マインドを見せよう。

8 大学はどんな学生を求めているの？

大学に合格したいなら、「自分は大学が求める人材だ」とアピールするのが一番だ。

では「大学が求める人材」とは何だろう？　それはズバリ次の二点。

❶ 就職活動で勝てる学生
❷ レポート・卒論を書ける学生

「えー!?　大学のパンフレットには『個性豊か』とか『創造的な感性』とか書いてあるけど？」というかも知れないけど、あんなものはタテマエにすぎない。

いま全国の大学関係者はパンフレットに書けない切実な悩みを抱えているんだよ。

それは、「就職できない学生」と「レポート・卒論を書けない学生」の増加だ。

そして、大学が「問題解決能力」を求める理由もじつはここにある。

■ 就職できない学生

就職氷河期にあたっちゃった学年は本当に大変だ。こればかりは運もある。

でも実際は氷河期じゃなくても就職できない学生っているんだよ。

この場合、学生の側に原因がある。

就職活動で失敗する理由は大きく分けて二つ。一つは自分の進路を正しく決められなかったケース。もう一つは企業が求めるスキル（能力）を身につけていなかったケースだ。

職業や業種を選ぶということは、「自分の適性」と「社会のニーズ」が一致《いっち》する組み合わせを見つけること。「夢」を振り回すだけじゃ天職には出会えないんだよ。

つまり自分と社会の問題を同時に解決するのが就職活動だといえる。

一方で、企業が求める能力というのも、要は「問題解決能力」にほかならない。

たとえばメーカーの開発部は消費者が感じている問題点を解決するために新製品を

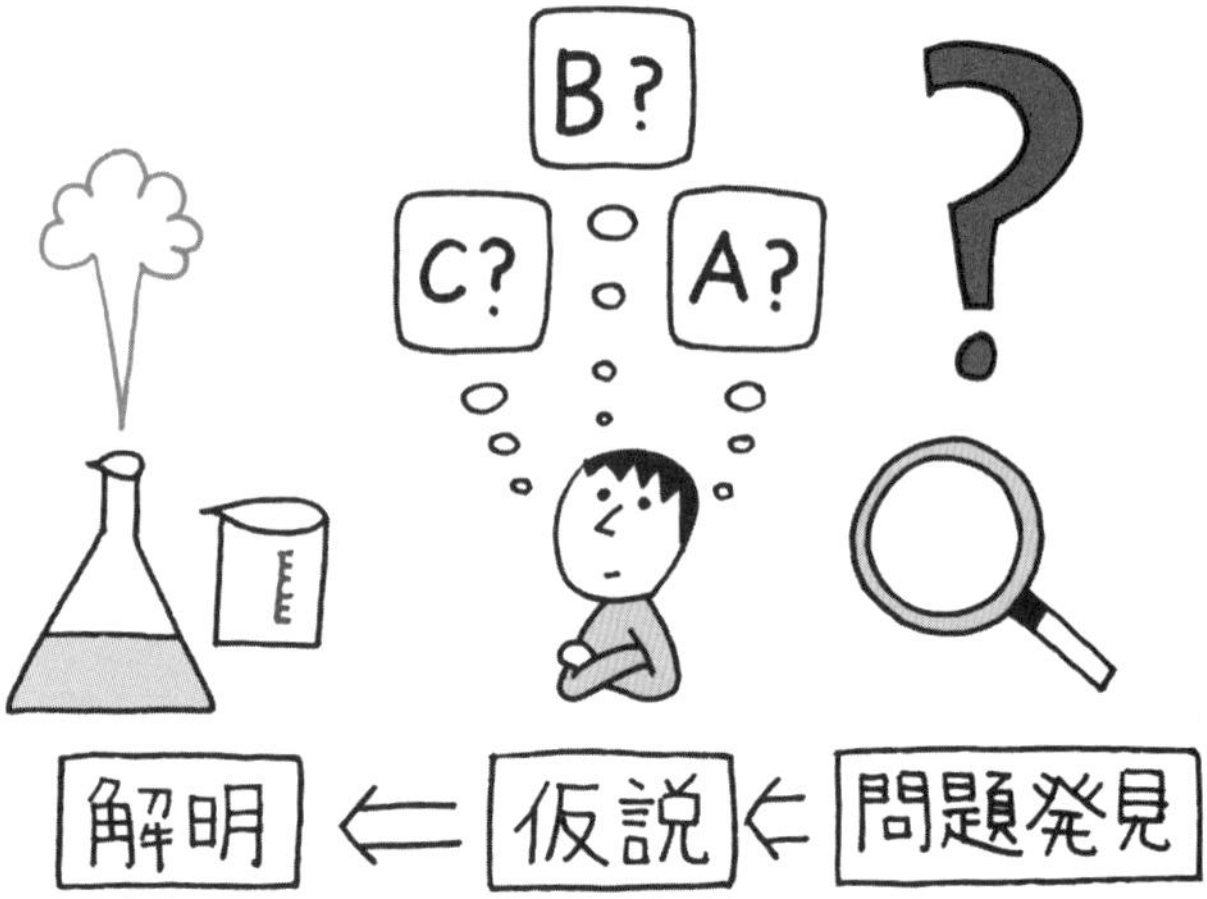

開発する。雑誌の編集者も読者の疑問や不満を解決するために今月号の特集を組む。

このように、世の中のありとあらゆる職業はすべて問題解決業なんだよ。

自分に合った職業を選んで、かつ企業からも必要とされるためには、何よりも「問題解決マインド」が必要だ。

■ レポート・卒論の書けない学生

これは就職以前の問題。三年生までは優等生だったのに、卒論のテーマが決められず留年してしまうという学生がいる。

高校までの「お勉強」は簡単だ。覚えるべきことは全部教科書に書かれてある。

でも大学の「研究」というのは、それぞれの専攻分野の中でまだ解明されていない謎を解明すること。つまり「問題解決」なんだよ。

まず謎、すなわち問題点に気づき、その原因について仮説（○○ではないだろうか、という説）を立て、それを調査なり実験なり文献《ぶんけん》なりで解明して書くのがレポートや卒論というものだ。

レポートや卒論が書けない学生は「問題解決マインド」がないということだ。

この問題解決マインド、英語や数学などのテストではわからないんだよね。だから小論文という試験がある。

特に国公立大学には前期試験が英数国、後期試験が小論文（総合問題）というところが多いけど、前期の学科試験で学力の優れた学生を集め、後期の小論文で問題解決マインドのある学生を獲得《かくとく》する、という意味でバランスの取れた募集方法だといえるね。

オキテ8

できる社会人も、できる研究者も、問題解決ができる人。

9 ぶっちゃけ、何点取ったら受かるんですか？

「小論文って評価が微妙で不安定だよね」「小論文は得点源にならないよね」という人は多い。高校の先生にまで同じことをいわれたりする。

でも、じつは小論文こそ最大の得点源になるんだよ。

その秘密は、受験者全体の得点分布にある。

次のページの**図1**を見てほしい。これは英語のテストを行ったときの得点分布。平均点あたりが一番多くて、高得点ほど人数は減っていく。

こういう富士山のような形のグラフを統計学では「正規分布」とよぶんだよ。

ところが、**図2**の小論文の得点分布は形が違う。平均点が低いというだけじゃなくて、大きな山の横に小さな離れ小島があるよね。

これはいったいどういうことか？

ぶっちぎりの答案を書いて高得点を取る少数グループと、的外《まとはず》れな答案を書いて微妙な点数になっちゃった大多数にはっきり分かれているということだ。

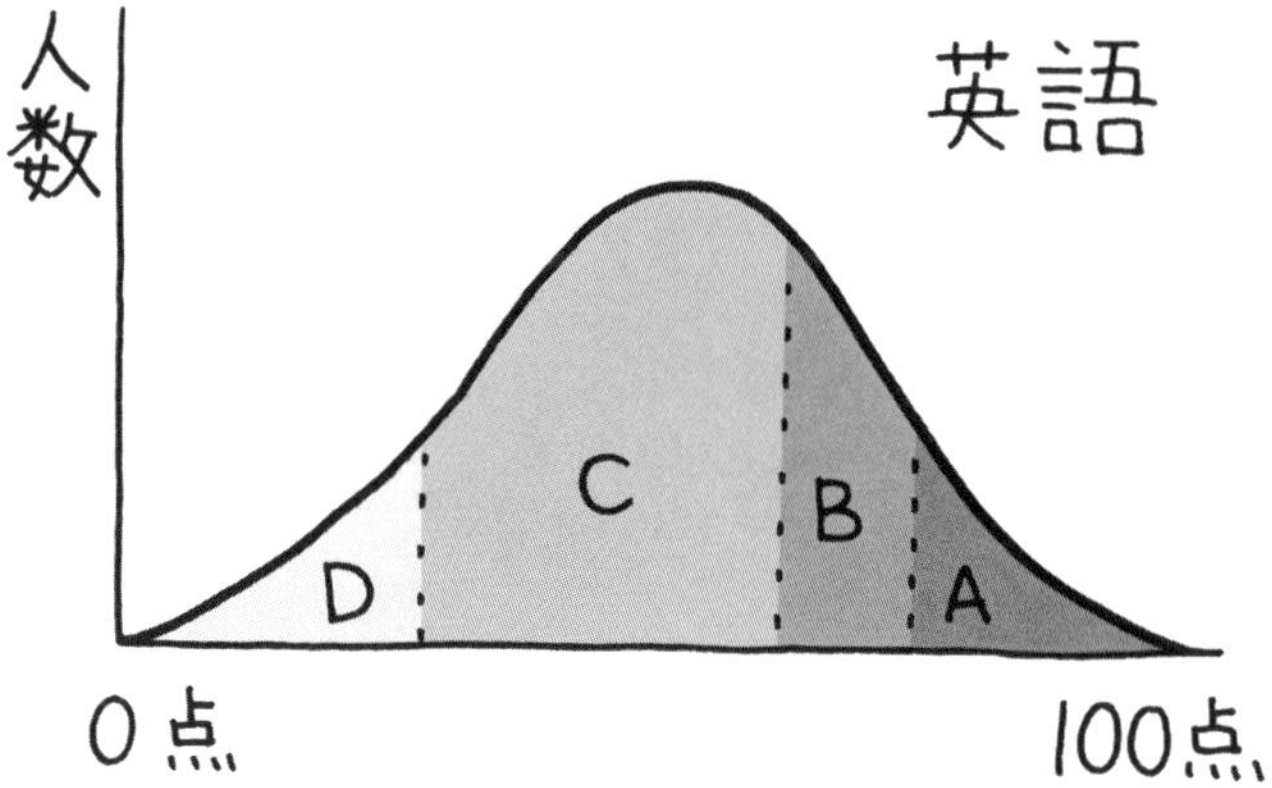

図1

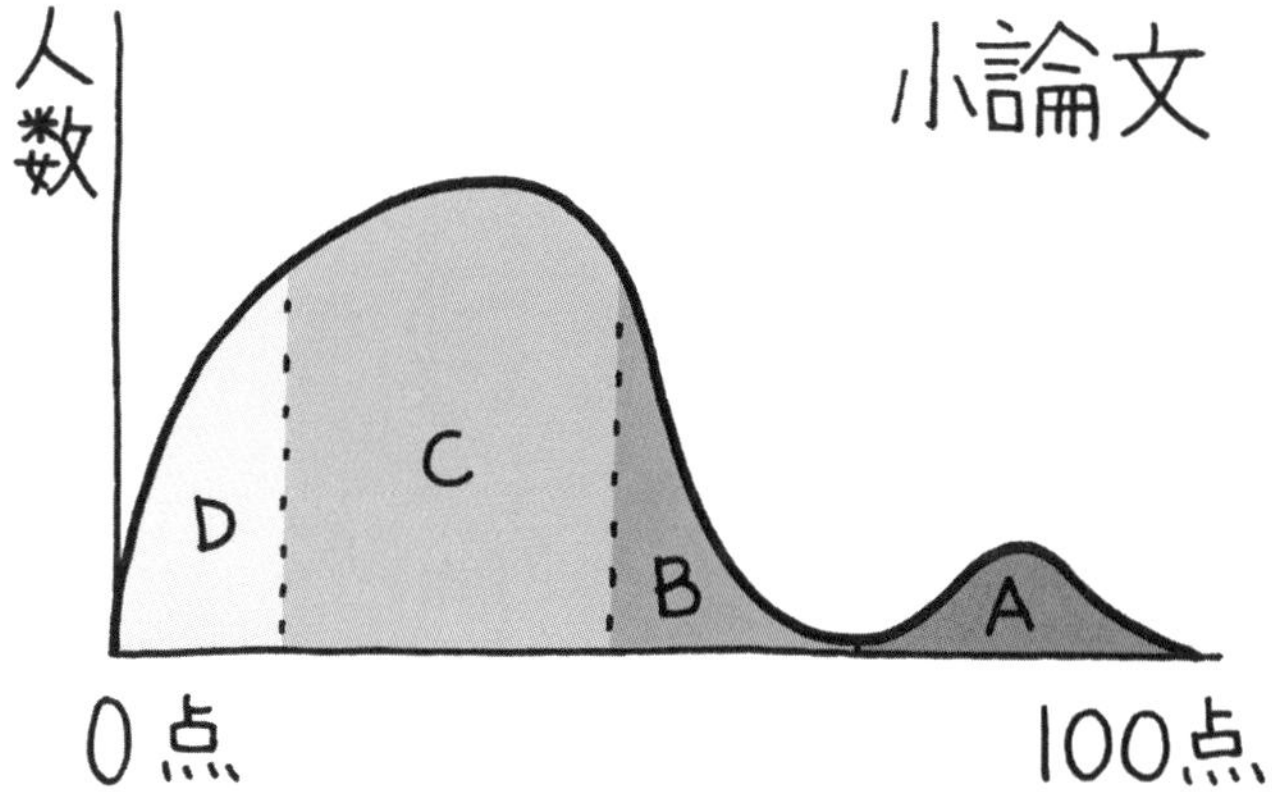

図2

　小論文でABCD評価をする場合、Aに該当《がいとう》するのはこの離れ小島の高得点グループ。「出題意図に合わせて正しく問題解決した」答案を書ける人は常にこのトップ集団に入っている。

　それに対してB〜Dは「出題意図からズレた」あるいは「問題解決ができていない」残念な答案たち。その中で「比較的うまくまとめている文章」がB、「やや支離《しり》滅裂《めつれつ》な日本語」がC。Dは「未完成、あるいは書く気が見られない答案」だ。BになるかCになるかは書いたときの調子によって変わる。ドングリの背比べだ。

　Aの離れ小島の存在を知らない人がB〜Dの山だけ見ると、たしかに小論文は「微妙で不安定」な科目に見えるかもね。

ここまでくると、わかるかな?

Cの人がBを目指そうとすると、近いようでかえってゴールを定めにくくなる。なぜならそれは文章のうまさという「程度の問題」だから。

それならば、最初からいきなりAを目指した方が楽だ。なぜなら離れ小島の住人たちは単に正解の見つけ方を「知っているだけ」だから。しかも点数的には圧勝だ。

小論文講師の本当の仕事は、担当するクラスの離れ小島を大きくすること、つまり一人でも多くの生徒をAグループに引き上げることなんだよ。

そのためには**「問題解決マインド」をトレーニングする必要がある**。文章を書く以前の段階に時間をかける。従来のいわゆる「文章指導」とはかなり異なるアプローチなので、不安になる人もいるかもしれない。

でも沖に向かって泳ぎ出すときは勇気がいるものだ。いままで暮らしていた陸地を捨てない限り、宝島を見つけることはできない。

オキテ⑨ 微妙なB評価より、ぶっちぎりのA評価を目指そう。

Q 推薦で合格したら、冬休みに大学から「入学前学習」としてレポートの課題を出されました。これってちゃんと書かないと合格取り消しとかになりますか？

A 「取り消しにはならないよ」といったらマジメに書かないつもりかな？（笑）

これは推薦《すいせん》やAOの合格者と一般入試の合格者の学力の差を解消するためにおこなう宿題なので、このレポートの成績で合否を考え直すということはない。

ただし、指定校推薦で合格した生徒の成績がひどすぎたために、翌年から出身高校が指定校推薦の枠を取り消されたというケースが実際にある。自分の学力のためにも後輩のためにも、入学前レポートはちゃんと書いた方がいいね。

Q 「キリスト教系の大学」とか「○○主義の教授」とか、大学や教授の思想に合った答案を書いた方が合格しやすかったりするんでしょうか？

A 結論をいうと、気にしなくていい。

たしかに学問の世界には「○○主義」「△△派」のような派閥《はばつ》や流派があったりするけど、どの教授がどんな思想かまでは高校生にはわからないよね。だから採点者も大人の事情を考慮した答案までは求めない。

教授の価値観は気にせず、出された課題を自分なりに解決することに専念しよう。

ただし将来、大学院入試を受ける場合は話が別。大学院生は教授にとって後継者候補でもあるので、最低限、教授が嫌っている思想を展開するのは避けよう。

第二章

課題文メッセージ別攻略法

環境問題、教育問題、現代文化論……課題文を「ジャンル」で分類しても、書き方は見つからないんだよね。一発で答案に結びつくのは、「筆者のメッセージ」による分類だ。

10 切り口がパッと見つかる課題文の読み方

「課題文は何とか読んだ。……で、何を書けばいいんだろう?」

課題文型小論文で一番大事なのが「**課題文に対する切り口**」を**見つけること**。「切り口」といっても「具体例を挙げる」「解決策を提案する」「賛成/反対を述べる」くらいしかないんだけど、どれを選ぶかで迷うんだよね。

でもじつは、**どの切り口が最適なのかは課題文の種類、いい換えれば筆者のメッセージによって決まっている。**課題文を読むときは次の三つのポイントを順にチェックして、筆者のメッセージを分類しよう。

課題文を分類するための三つのチェックポイント

❶ 具体的か抽象的か

❷ 説明か提案か

❸ 提案は一つか二つか

具体的か抽象的か

文章というものは、まず「具体的な内容」と「抽象的な内容」の二種類に大きく分けられる。

たとえば課題文の内容が「ナショナリズムについて」だけだと、どこの国のどんな状況の話なのかわからないよね。これを**メッセージA 抽象的テーマ**とよぶ。この場合は「日韓両国民がネットで罵詈雑言《ばりぞうごん》をいい合い炎上した」のような**具体例を自分で挙げよう。**

これに対して、最初から具体的な事例について書かれた課題文もある。その場合は次のチェックポイントに進もう。

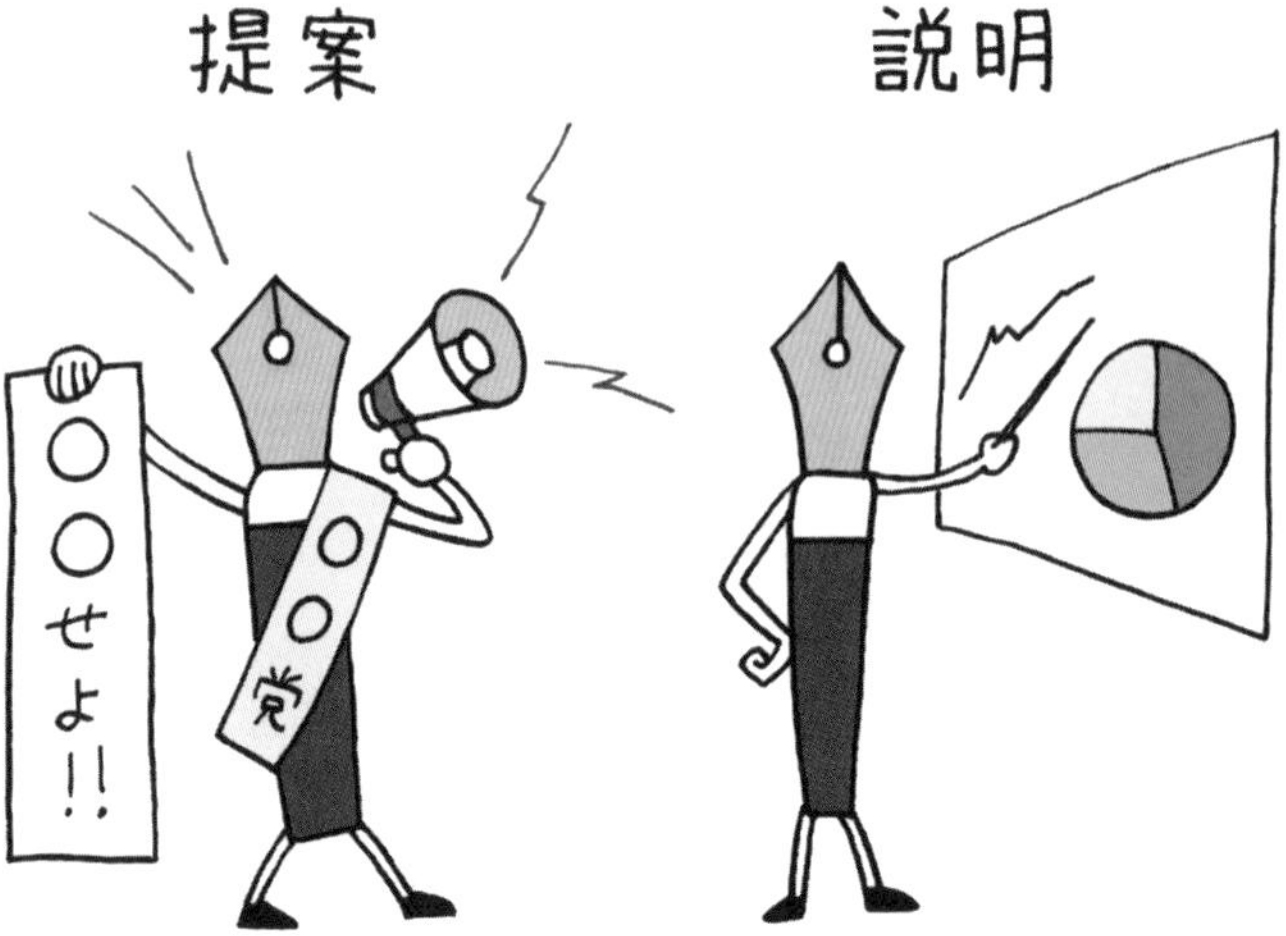

説明か提案か

具体的な文章はさらに「事例の説明だけで終わっている文章」と「筆者が何か提案している文章」の二種類に分けられる。

たとえば「愛国心を問うアンケートの結果、日本は三〇カ国中最下位だった」という問題提起だけで終わっている課題文なら**メッセージB　具体的問題の説明**。この場合、その**問題提起に対する解決策を自分で提案しよう**。

一方、「だから義務教育で祖国への忠誠心を植えつけよう」まで述べていたら**メッセージC　具体的対策の提案**だ。この場合、**筆者の提案に対して「賛成／反対」を述べる必要がある**。

提案は一つか二つか

「提案」が二つ挙げられている場合がある。たとえば「日の丸を敬うことを学校で指導するべきか」について、賛成派の意見と反対派の意見を対等に並べているような課題文だ。これは メッセージD 意見対立型。

この場合はどちらかを一方的に支持するのではなく、**双方の立場を公平にジャッジすることが求められる。**

このように、課題文のメッセージを四つに分類すると、答案の切り口は自動的に決まってくるんだよ。

メッセージA 抽象的テーマ ⇩具体例を挙げる。
メッセージB 具体的問題の説明 ⇩解決策を提案する。
メッセージC 具体的対策の提案 ⇩「賛成／反対」を述べる。
メッセージD 意見対立型 ⇩双方の立場を公平にジャッジする。

オキテ⑩ 課題文はメッセージによって四つに分類する。

11 つかみどころのないテーマって、困る

問題 平和について、あなたの考えを述べなさい。

これは典型的な**メッセージA 抽象的テーマ**の問題。

「平和」という抽象語が投げかけられたとき、同じ「平和」という抽象語をうち返しては話が前に進まない。「どの国のどんな状況の話か」という具体性がないからね。

ところが、実際には次のような答案が続出するんだよなあ。

モヤモヤ答案

私も平和は大事だと思う。争い事がなく、みんなが笑って暮らせる平和な世界こそ人類共通の願いであるはずだ。

これは作文（感想）であって、小論文（問題解決）ではない。

抽象的テーマを出題する大学の意図は、**そのキーワードに結びつく具体例を自分で見つけろ**ということ。それも「平和でいいなあ」という呑気《のんき》な例ではなく、テロや戦争など何か「問題点」のある例を探そう。

スッキリ答案

日本の平和を脅《おびや》かしているのが、尖閣諸島《せんかくしょとう》や竹島、北方領土などの領土問題である。周辺国と軍事的な衝突が起こる前に、国際法廷に訴えるなどして日本の領有の正当性を国際社会に認めさせる外交努力が必要である。

友達に「悩みがあるんだけど……」と相談されたとき、「そっか、悩みがあるのか。大変だね、ドンマイ！」ですませるやつは本当の友達じゃない。親友なら「何で悩んでるの？」「彼女と喧嘩《けんか》しちゃって……」と具体的な内容を聞き出すはずだよね。

オキテ11

抽象的テーマには具体例を挙げる。

12 「最初に賛成／反対を」とは限らない

問題

石油資源の枯渇《こかつ》が深刻な問題となっている。大量の輸入エネルギーを消費することで成り立つ日本の産業はいま大きな岐路《きろ》に立たされている。

これについて、あなたの意見を述べなさい。

この問題は「大きな岐路に立たされている」という「事実の説明」であって、「だからどうしろ」とは提案していないよね。**メッセージB** **具体的問題の説明**だ。

不思議なことに「最初に賛成／反対を表明しなきゃいけない」と思い込んでいる受験生が多いけど、事実の説明にまで「反対」すると、おかしなことになる。

ガッカリ答案

私は筆者の意見に反対だ。石油の枯渇は深刻とはいえない。よって日本の産業が岐路に立たされているともいえない。

いまどき「石油の枯渇が深刻だ」という事実に反対できるのは未知の巨大油田を発見した人くらいだよなあ。事実の説明には「賛成」も「反対」もしようがない。求められているのは、ここで**説明されている事例そのものを解決する**ことだ。

スッキリ答案

国内の産業と国民生活を守るため、石油の安定供給を一日でも長く保つ必要がある。したがって日本の取るべき道は産油国との技術的、経済的協力を強くし、石油の輸入ルートを増やしておくことである。

もちろん「石油の輸入ルートを増やす」とは逆の発想で、「自然エネルギーに移行する」「原子力発電を促進する」など解決策はいろいろありえる。自分のアイデアを提案しよう。

オキテ⑫

「説明」には賛成／反対ではなく、解決策。

13 筆者の意見にはとりあえず反対してみる

問題 石油資源の枯渇《こかつ》が深刻な問題となっている。しかし原子力発電は事故による放射能《ほうしゃのう》汚染が恐ろしい。だから国を挙げて風力発電を推進しよう。
これについて、あなたの意見を述べなさい。

前項と同じ「石油の枯渇問題」。でも、ちょっとだけ違うことに気づいたかな?
今回は「深刻だ」という「事実の説明」に終わらず、「だから風力発電を推進しよう」と主張している。つまり **メッセージC 具体的対策の提案** だ。
相手に何か提案されたら、その提案を受け止めるのが人としてのマナーだよね。

モヤモヤ答案
私が提案したいのは、日本が誇る技術でハイブリッドカーや燃料電池車の技術をもっと向上させ、全世界に普及《ふきゅう》させることである。

待て待て。筆者の提案「風力発電」はどこいった？　せっかくの提案をスルーしちゃいけない。まずは筆者の提案に耳を傾け、賛成か反対かを表明しようよ。自分の提案はその後だ。

もっとも「賛成／反対」とはいっても、小論文として書きやすいのは「反対」の立場なんだけど。提案自体の問題点をビシッと指摘して、代案を提示すればいい。

スッキリ答案

私は筆者の意見に反対だ。風力発電は発電効率が悪く現代人の生活を支えることはできない。むしろ原子力発電の安全性を向上させる方が現実的である。

よくいわれる「冒頭で賛成／反対を表明する」という書き方は、まさにこの**メッセージC　具体的対策の提案**に限った書き出しパターンだったわけだ。

オキテ⑬

反対したら、自分の代案を提示しよう。

14 課題文の丸写しにならない賛成のしかた

問題

次の文章を読んで、あなたの意見を述べなさい。

「教育において理想的なのは、知識の詰め込みではなく、子どもたちがみずから興味をもち、試行錯誤《しこうさくご》し、学んでいくプロセスです。教育者はもう一度、教育の本来の目的に立ち返る必要があるのではないでしょうか。」

小論文で一番モヤモヤした答案になるのが、「賛成するしかない正論」が提案された場合。「筆者のおっしゃる通りです。以上。」で終わってしまうんだよね。

モヤモヤ答案

私も筆者の主張に賛成だ。教育において理想的なのは詰め込みではなく子どもの自主性である。日本の学校教育は、もう一度、本来の目的に戻るべきだと私も思う。

一応「私も」をつけ加えてはいるけど、ほとんど課題文の丸写しだ。ということは、内容面での得点は「ゼロ」。残念。

課題文がどんなにご立派な正論でも、両手を挙げて賛成しているようでは「自分の意見」にはならない。小論文とは「問題点を解決する文章」だったはず。ならば、どこかに欠陥《けっかん》や隙《すき》を見つけよう。

スッキリ答案

私も筆者の主張には賛成である。ただし、これはある程度の基礎学力と意欲のある一部の生徒に限られる。したがって、意欲と学力のある生徒は自由にさせ、意欲のない生徒には最低限の知識と能力を詰め込むというレベル別の教育が必要だ。

課題文の提案があてはまらない例外的なケースや、その提案が実際には実現できていないケースを探してみるといい。一〇〇パーセント完璧な正論など存在しない。

オキテ⑭
ごもっともな正論でも、欠点を探そう。

15 二つの意見が対立しているとき

問題 ある中学校で、生徒に携帯電話を持ち込ませるべきかどうかが議論されている。
賛成意見「緊急時の連絡のために携帯電話は持たせるべきだ」
反対意見「携帯電話が気になって授業に集中できなくなる」
これに対するあなたの意見を述べなさい。

賛成意見と反対意見が対立している。**メッセージゼロ** **意見対立型**だ。
こういう場合、次のような答案は書いちゃいけないよ。

ガッカリ答案

私は中学生に携帯電話を持たせることに断固反対だ。授業に集中できなくなるし、ネットいじめや悪質サイトなどの問題も生じる。中学生に携帯電話はまだ早い。

この答案がダメなのは、反対意見を貫《つらぬ》くために携帯電話の問題点ばかりを並べて、賛成派の意見を無視してしまったこと。

「意見対立型」では、どちらの言い分にも一理あることがほとんどだ。だから片方に全面賛成、もう片方を全否定というわけにはいかないんだよ。

この場合、出題者の意図は「**両者の意見を公平に考慮《こうりょ》できるかどうか**」という点にある。したがって「**両者の折り合いをつける**」**ような解決策が求められる。**

では、次の答案はどうかな？

モヤモヤ答案

たしかに安全のために携帯電話は必要だ。

でも授業の邪魔にもなる。そこで、週の半分だけ持たせるなど、携帯電話に依存しすぎないようにするべきだ。

たしかに賛成派と反対派の中間をとって「折り合い」をつけてはみたけれど……。万一、携帯電話を持たせない日の帰り道で事件に巻き込まれたらどうする？

「両者のバランスを取る」ことは大事だけど、どちらも中途半端になるのは賢い問題解決とはいえないね。

こういう場合は、両者の論点のズレを探そう。

賛成派が訴えているのは登下校のときの安全だ。朝と夕方、通学路での話。

これに対して反対派が問題視している授

業は日中、教室内での話。つまり、両者のいい分は「いつ」「どこで」という論点がズレていたんだよ。これをごちゃ混ぜに議論するから話がややこしくなる。

スッキリ答案

子どもを狙った犯罪が増えている昨今、携帯電話は朝夕の通学路では生徒の安全のために必要なものである。しかし日中の教室では授業の妨《さまた》げになる。したがって登下校時だけ全員に持たせ、授業中は職員室で預かるのが望ましいと考えられる。

ついでに職員室で充電もしてくれたらうれしいよね。

子どもたちの命に関わることなので、本人の自由ではなく全員に毎日持たせるというのがポイント。そのうえで、メールの着信が気になって授業に集中できないという状態を予防しよう。持たせるときと場所、持たせないときと場所を分ければ、賛成意見と反対意見の折り合いをつけることができる。

オキテ15

意見対立型では、論点のズレを探せ。

16 グラフ問題はここを見ろ

問題 図1は米国と日本におけるAIDS（後天性免疫不全症候群《こうてんせいめんえきふぜんしょうこうぐん》）の発症患者の推移を表したものです。
これを見て、あなたの意見を述べなさい。

高校生にこの問題を出すと、どのクラスでも答えが次の二つに分かれる。

A　米国ではAIDSの患者が多すぎる。これは麻薬中毒患者が多いことと性に関するモラルが崩壊していることが原因だ。全米で性教育を徹底し、モラルの回復に努める必要がある。

B　米国では一九九三年頃から発症患者が激減しているのに、日本では増え続けている。これは米国で行われた発症予防の対策が日本では行われていないことを意味する。

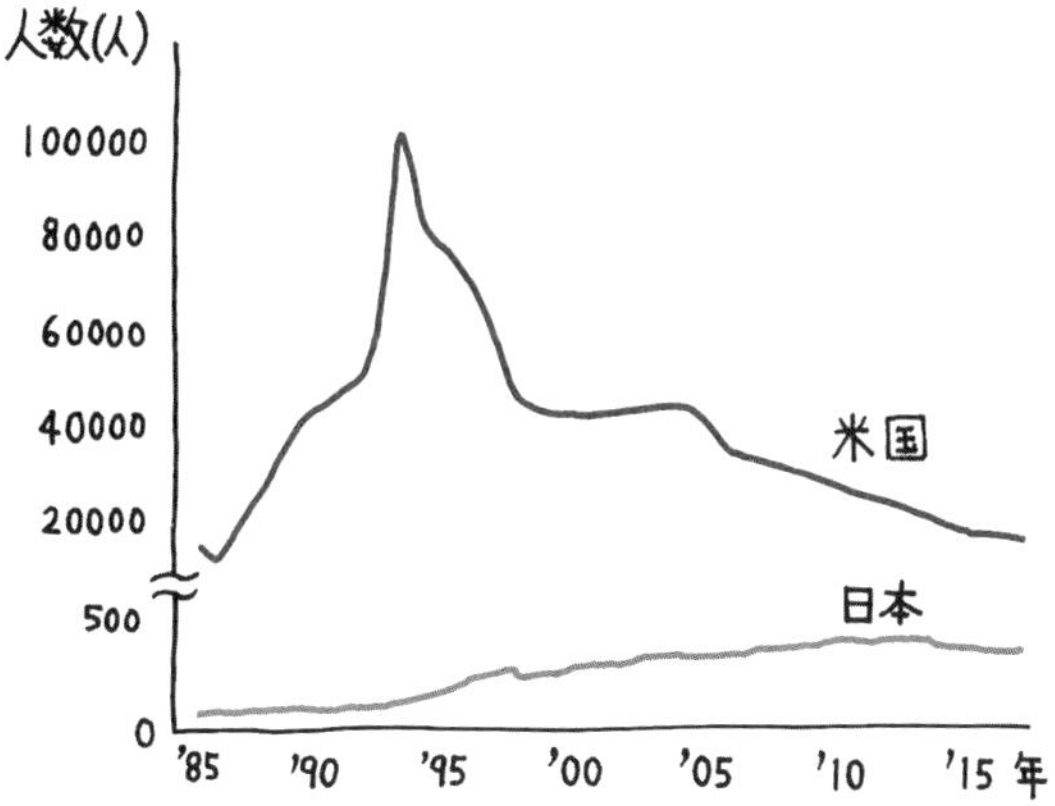

図１　米国、日本における AIDS 発症者数の年次推移
（CDC（Centers for Disease Control and Prevention）、および厚生労働省エイズ動向委員会の資料を参照し作成）

正解は、B。

■ グラフの形には意味がある

もしも「米国の患者が多い」ことを示したいのなら、わざわざ途中で減っている折れ線グラフを使う必要はないよね。単純に「米国八万人、日本一〇〇人」などと数字を並べればすむはず。

折れ線グラフを使っている時点で、出題者の意図は「減っている国と増えている国の比較」だと考えられるんだよ。**グラフの形には役割がある。**

❶ 棒グラフは「数量」
❷ 円グラフは「割合」
❸ 折れ線グラフは「変化」

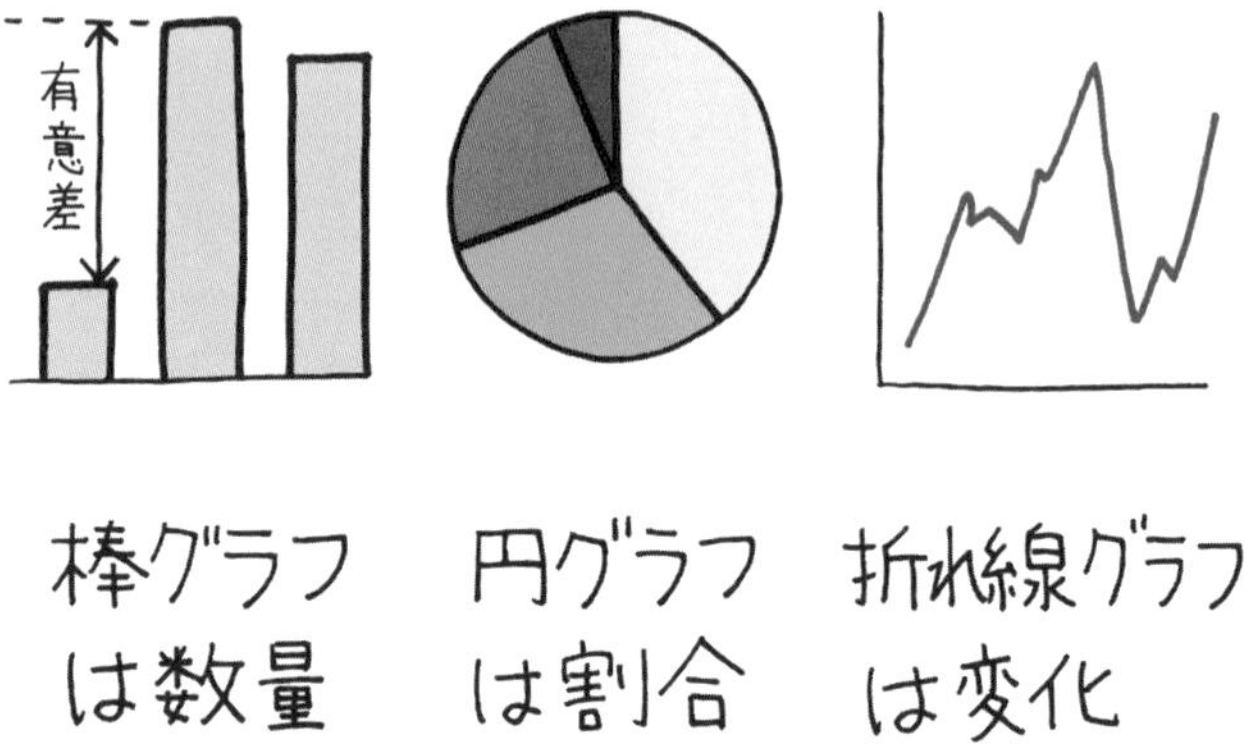

図1を見て「米国の患者が多い」と答えてしまった人は「変化」を見落として「数量」に注目してしまったことになる。

■誤差ではなく有意差《ゆういさ》

有意差とは、読んで字のごとく「意味のある差＝明らかな差」のこと。

たとえばテストで九〇点の人と八八点の人では学力に差があるとはいえない。次のテストでは逆転するかもしれないからだ。これは誤差。でも、九〇点の人と二〇点の人では……レベルの違いを認めないわけにはいかないよね。これが有意差。

グラフや表が出たら、真っ先に目につく一番大きな差に注目することが大事だ。小さな誤差に気を取られていてはいけない。

■図の説明をちゃんと読む

学校の保健体育の時間に習ったと思うけど、ＨＩＶ（ヒト免疫《めんえき》不《ふ》全《ぜん》ウイルス）はウイルスの名前。一方、ＡＩＤＳ（後天性免疫不全症候群）は症状の名前。ＨＩＶに感染してから数年の潜伏《せんぷく》期間を経て発症するのがＡＩＤＳだ。

図１の説明をよく見ると、「ＡＩＤＳ発症者数」と書いてある。「ＨＩＶ感染者数」ではない。

米国で九〇年代半ばに「ＡＩＤＳ発症者数」が減ったということは、ＨＩＶに感染する人を減らしたのではなく、感染者が発症するのを防いだと考えるべきだ（タネ明かしをすると、この時期に抗ウイルス薬が開発された）。

だから「性教育で感染を防ぐ」のではなく、「感染者が発症するのを予防する」ことを提案しなきゃいけないんだよ。

設問と図の説明は細かいところまでちゃんと読もう。

オキテ⑯
グラフの形から出題者の意図を見抜け。

17 要約は後回しでいいですか？

問題

問一　次の文章を読んで、二〇〇字以内で要約しなさい。
問二　これに対するあなたの意見を六〇〇字以内で述べなさい。

一九世紀までの欧米では、自分たちの文化こそ優れた文明であり、異国、特にアジアやアフリカなどの地域は、未開の野蛮《やばん》な地であるという自文化中心主義が当然すぎるほどの前提であった。

一八五九年、ダーウィンが『種の起源』によって引き起こしたパラダイムシフトは自然科学以外の分野にまで影響を与える。その中の一人、ハーバート・スペンサーは生物ばかりでなく社会もより進んだ文明へと進化するという「社会進化論（社会ダーウィニズム）」を提唱した。

この社会進化論はやがて欧米列強による植民地主義政策の根拠として利用される。すなわち自分たち欧米人が「遅れた人びと」に産業を授け、インフラを整備し、彼らの「近代化」を手助けしてやった、という理屈である。また、人種間の差異を「優劣」と見なす自然人類学は奴隷《どれい》貿易や人種差別を正当化することになった。

このような自文化中心主義に対して、すべての文化は対等であるとする文化相対主義をうち出したのがフランツ・ボアズである。どの文化間にも優劣はない。観察者は自分の文化的バイアス（偏見）をもち込むことなく、相手の文化をありのままに見るべきだ。この文化観を日本文化の分析に適用したのがボアズの教え子ルース・ベネディクトによる『菊と刀』である。

こうして文化相対主義は二〇世紀の文化人類学の主流となっただけでなく、現在まで一般的に異文化理解、異文化交流の「望ましい態度」とされてきた。

しかし、そんな文化相対主義も万能《ばんのう》ではない。すべての文化を対等に認めようという場合、相手の「すべて」を認めるべきか、という問題が生じるのだ。

たとえばある部族では女性に教育を受ける機会がまったく与えられない。これをその部族固有の文化とよぶべきか、それとも女性差別、人権侵害と見るべきか。文化に倫理が絡むと、文化人類学者は文化相対主義そのものも絶対ではないことを思い知らされるのである。

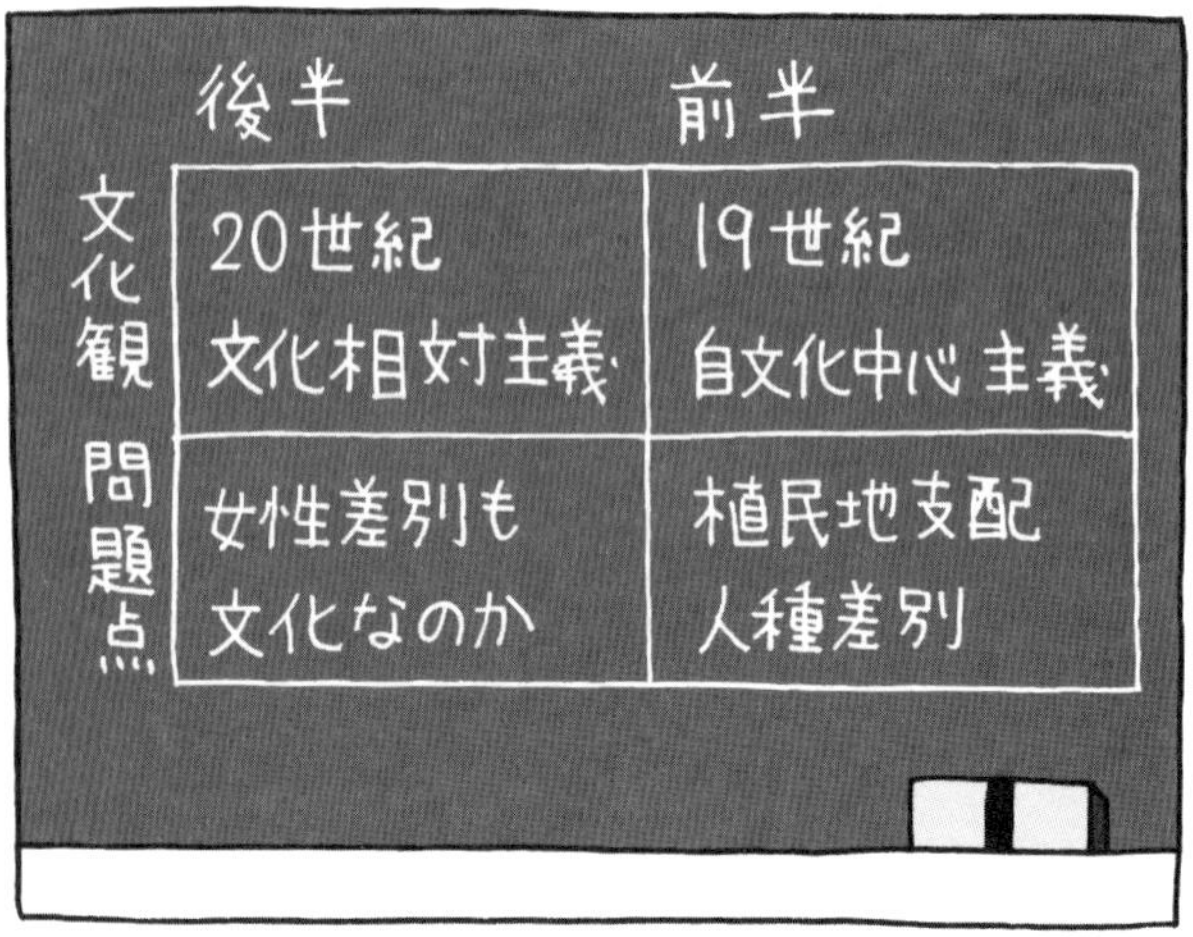

	後半	前半
文化観	20世紀 文化相対主義	19世紀 自文化中心主義
問題点	女性差別も 文化なのか	植民地支配 人種差別

さてこの文章、内容が途中で変わっていることに気づいたかな？　前半は一九世紀、後半は二〇世紀の話だ。

しかもそれぞれ話の構成が似ている。どちらも「〇〇主義」の説明の後に、その問題点を述べているよね。

つまり、上の表のようにまとめることができるんだよ（この二×二の表のことをマトリックスとよぶ）。

文章全体の内容をマトリックスで四つにまとめたら、その四点をそれぞれ五〇字くらいで書いていけば二〇〇字埋まる。

これで要約完成。

どんな課題文でも、あんまり細かいことにこだわらないで「ざっくり」四つに分割するのが短時間でまとめるコツだ。

スッキリ答案

問一　一九世紀までの欧米では自分たちが優れていて、異文化は劣っているという自文化中心主義が普通だった。これは社会進化論と結びついて植民地政策や奴隷《どれい》貿易を正当化するのに利用された。これに対し二〇世紀になると、すべての文化を対等に認めるという文化相対主義が主流となった。しかし、ある部族固有の文化が人権侵害とも見なされうる場合、どこまでを固有の文化と認めるべきかという問題が文化人類学の限界を示すのである。

※問二は省略

オキテ⑰　課題文の要点は前半二つ×後半二つ。

「手間のかかる問二の意見を先に書いて、残り時間で要約を適当に片づける」という人もいるよね。でも問一の要約を後回しにすると、課題文のポイントを取り違えたまま問二の意見を書きはじめてしまう危険がある。後で要約をはじめてから自分の読み間違いに気づいても遅いので、要約は先に書いた方がいい。

課題文のオキテフローチャート

どんな課題文もこの図の中のどこかに分類できる。問題に取りかかる前に、四つのチェックポイントに照らし合わせてベストな切り口を見つけよう。

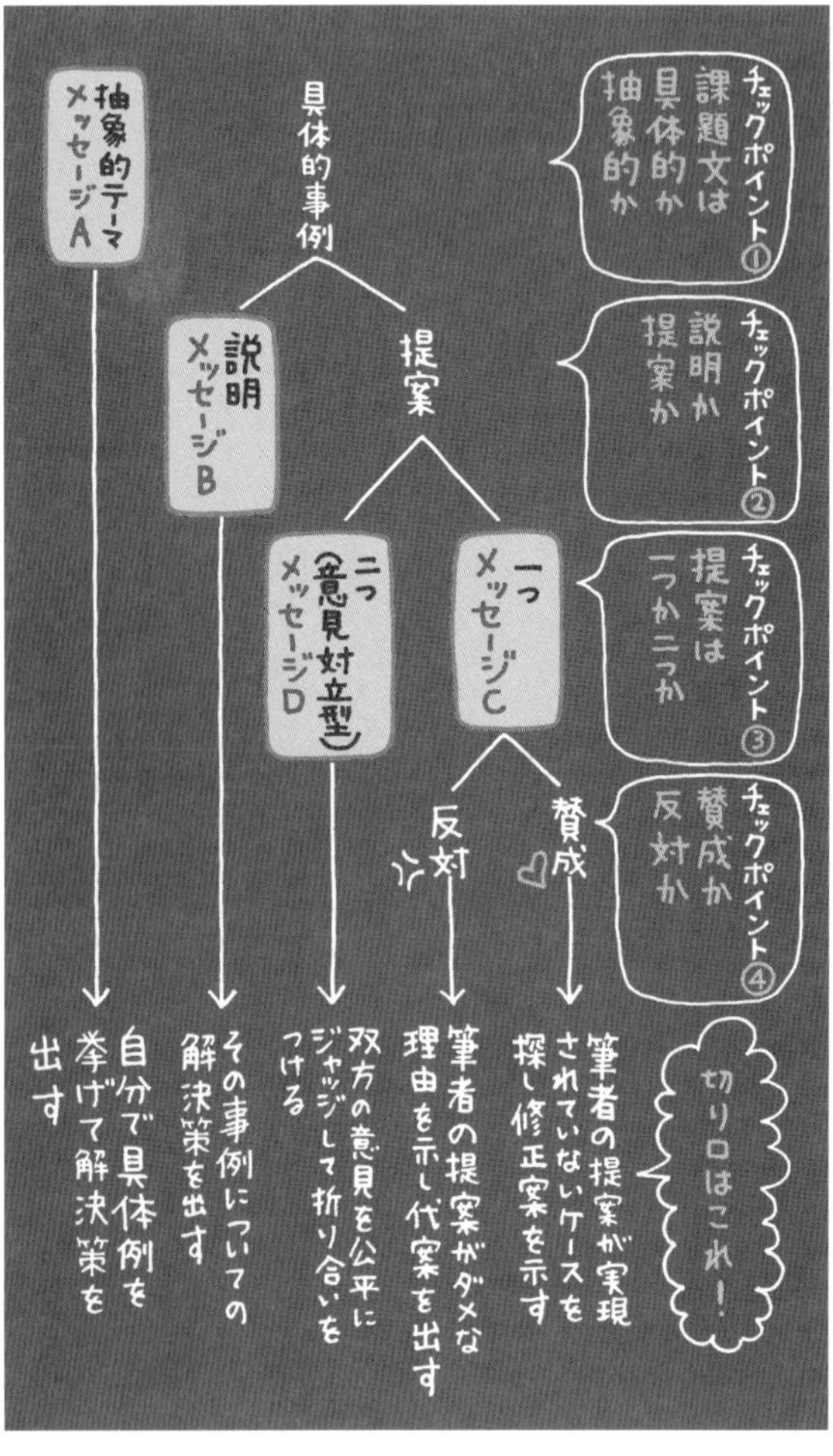

チェックポイント① 課題文は具体的か抽象的か
チェックポイント② 説明か提案か
チェックポイント③ 提案は一つか二つか
チェックポイント④ 賛成か反対か
切り口はこれ！
具体的事例
提案
説明メッセージB
一つメッセージC
二つ(意見対立型)メッセージD
賛成
反対
抽象的テーマメッセージA
筆者の提案が実現されていないケースを探し修正案を示す
筆者の提案がダメな理由を示し代案を出す
双方の意見を公平にジャッジして折り合いをつける
その事例についての解決策を出す
自分で具体例を挙げて解決策を出す

第三章

本番で使える三段落構成

内容が段落を決めるんじゃない。段落構成が内容の深さを決めるんだ。同じ話をくり返して薄っぺらにならないように、「段落の型＝思考の型」を身につけよう。

18 本番で使える三段落構成×二パターン

小論文の採点をしていると、パッと見た瞬間に「ダメだ」とわかる答案がある。それは、段落分けがグチャグチャな答案。

段落というのは意味のまとまりなので、段落が分かれすぎている時点で「話にまとまりがない」というのが予想できてしまう。そして読んでみると、やっぱり話が途中からズレてしまったり、最初と最後が矛盾《むじゅん》していたりするんだよね。

内容がちゃんとしている文章は段落の見た目もスッキリしているものだ。

四〇〇字から八〇〇字程度の小論文の場合、「段落は三つ、分量はほぼ均等」。いい答案はだいたいこの形を守っている。

というより、**先に段落の構成を決めるから筋の通った思考ができる**んだよ。だから初心者も形から入った方がいい。

入試本番でどんな課題文が出ても対応できるように、段落構成は二つのパターンを覚えておこう。

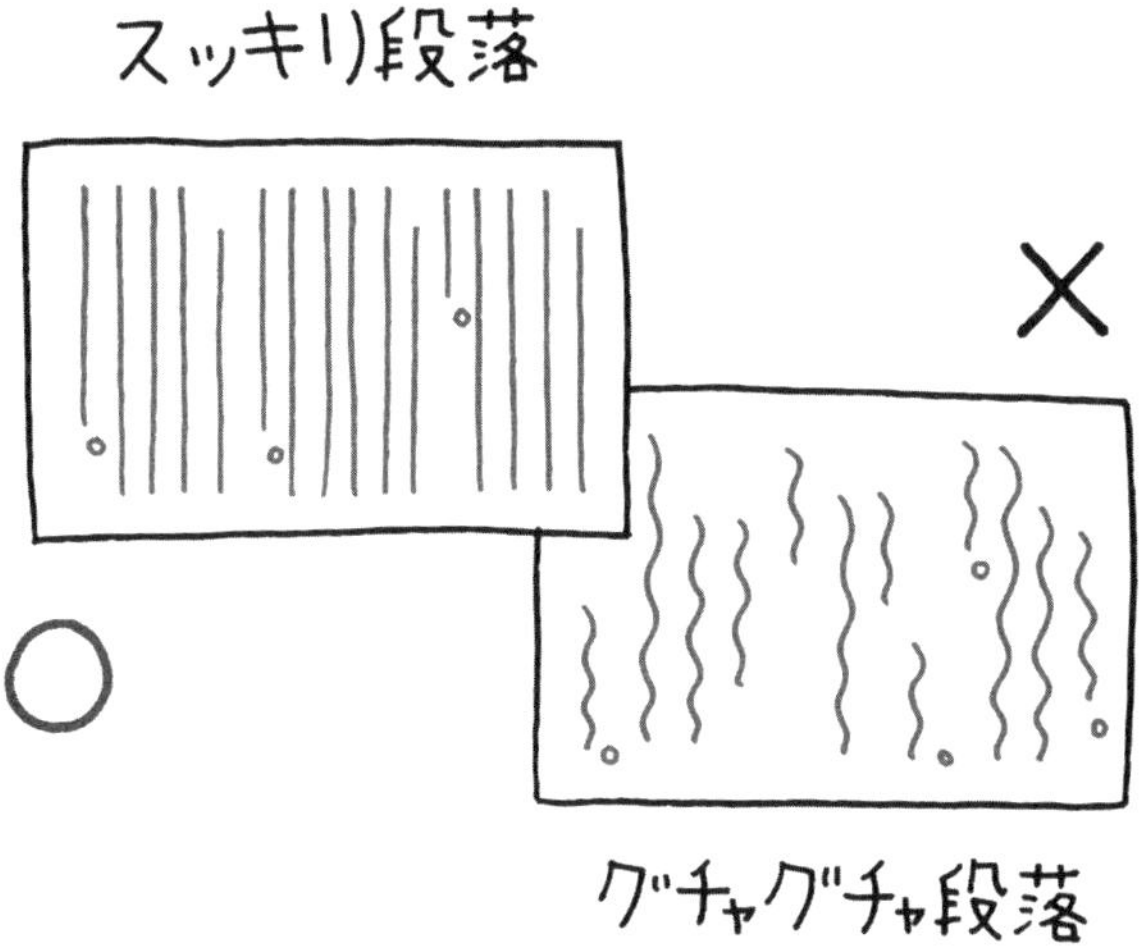

パターンA　問題提起型

第一段落　問題提起
第二段落　原因分析
第三段落　解決策

パターンB　意見対立型

第一段落　メリット（賛成意見）
第二段落　デメリット（反対意見）
第三段落　解決策

ほとんどの課題文にはパターンAで対応できるはず。例外として課題文のメッセージが「意見対立型」の場合だけパターンBと覚えておけばいい。

パターンAを臨機応変《りんきおうへん》に使いこなすコツは、第一段落を何でも放り込める「便利ボ

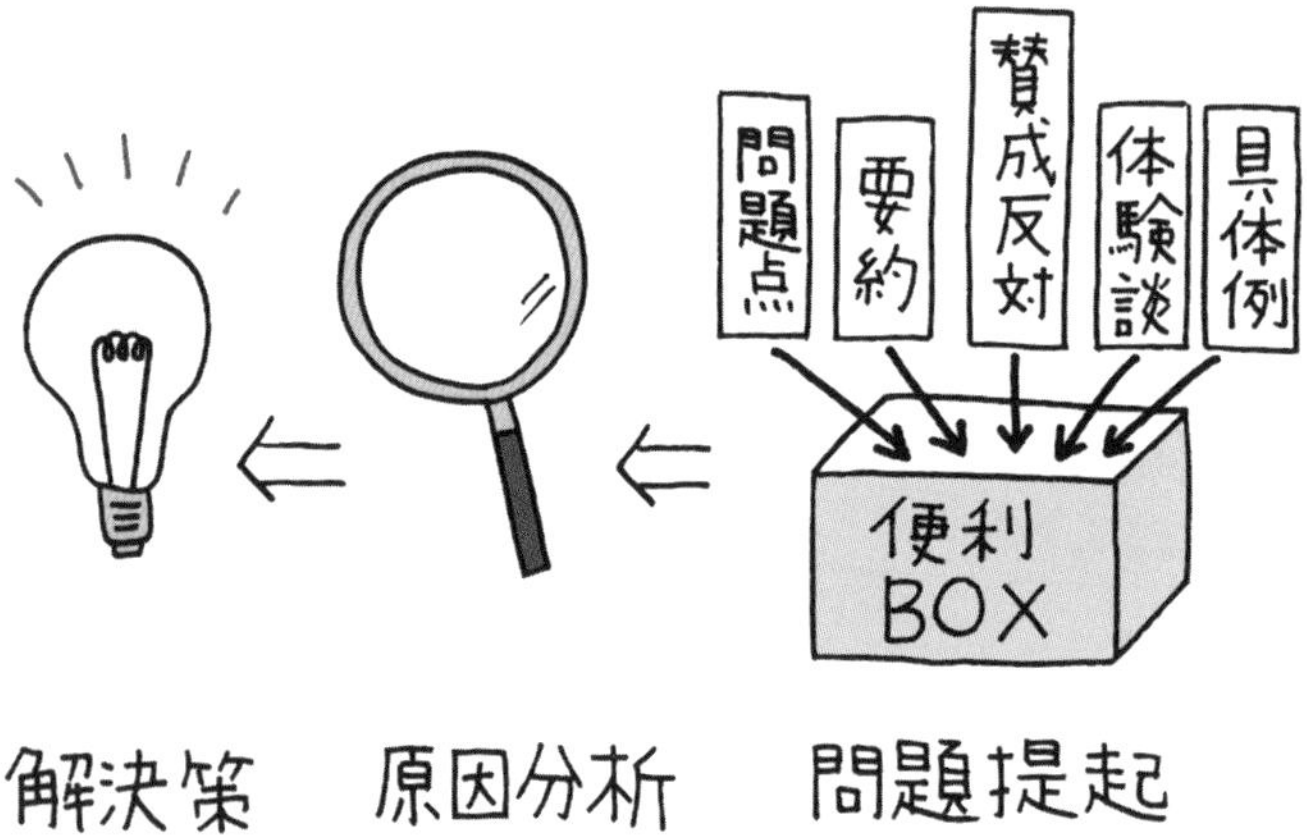

ックス」**として使うことにある。**

たとえば課題文が「自由について」だけだったら、第一段落で具体例を挙げる。

設問に「あなたの体験を踏まえて」という条件があったら、第一段落で体験談。

具体的事例を説明する課題文だったら、その中で何が一番の問題なのかを第一段落で説明する。

筆者が提案をしている課題文なら、第一段落で「反対だ。なぜならば……」とその理由まで述べる。

「この文章を要約したうえで」「下線部について説明しながら」という条件がついていたら、第一段落で要約や下線部説明を片づけてしまう。

要は、「原因分析↓解決策」以外の要素

はすべて第一段落の便利ボックスに放り込んでしまえばいいんだよ。そうすれば、第二段落と第三段落はそれぞれ「原因分析」と「解決」に専念できるよね。

はじめて見るような課題文に出会ったら、「いままでにないパターンだ!」なんてビビらずに、「第一段落をどう使ったら対応できるだろう?」と考えよう。

規定字数が一〇〇〇字を超えるような場合は、四段落構成がちょうどいい。その場合は第二段落を二つに分けて、「原因分析」を二つの面から論じると中身も高度になるよね。やはり基本は三段落構成と同じだ。

二〇〇字や三〇〇字の場合は二段落構成でもいい。この場合は前半で「問題点」、後半で「解決策」となっていればいい。

いずれにしても、パターンAの応用だ。

オキテ18 課題文に合わせて第一段落を使いこなそう。

19 同じことを三回くり返してしまう

「あれれ？　さっきから同じことを三回くり返し書いてるぞ」

「第一段落と第三段落がほとんど同じになっちゃった」

少し小論文を勉強した人ならだれしも経験あるんじゃないかな？

同じことをくり返し書いているということは、その分何か大事なことを書き忘れているということだ。

じつはこれ、よくいわれる**「序論・本論・結論」という用語を間違って理解している**ことが原因なんだよ。

■ **間違った「序論・本論・結論」**（例・六〇〇字の場合）
序論　これから述べることを手短《てみじか》に紹介する（一〇〇字）
本論　序論で述べたことを詳しく論じる（四〇〇字）
結論　全体の内容をもう一度手短にまとめる（一〇〇字）

これじゃあ、同じことを三回くり返してしまうのも無理ないね。
最初と最後に全体のまとめが必要なのは一万字以上書くような本格的な論文の場合。たかだか数百字くらいの小論文で前半の内容を忘れてしまうようなマヌケな採点者も滅多《めった》にいないので、入試の小論文で「まとめ」は必要ない。

■ 正しい「序論・本論・結論」（例・六〇〇字の場合）

序論　問題提起（二〇〇字）
本論　問題の原因を分析する（二〇〇字）
結論　解決策を提案する（二〇〇字）

パターンAと同じなのがわかるかな？　これなら三つの段落はそれぞれ別の役割をもつことになる。それぞれ必要な情報なので、字数も三分の一ずつ均等でいい。

オキテ19
「結論」は「まとめ」ではなく「解決策」。

20 「先に結論を書く」のはあり？ なし？

小論文指導の世界には「まず結論を先に書いて、それから理由を述べるのが正しい文章の書き方だ」という説がある。「第三段落で解決策」というこの本の主張とは逆だね。

たしかにビジネス文書では結論が先。取引先は「結局なんぼ儲《もう》かるの？」という結論を一番聞きたいからね。

裁判の判決も「被告人を懲役《ちょうえき》三年に処す」という主文《しゅぶん》が先で、判決理由は後だ（死刑の場合は主文を後回しにすることも多い）。

学術論文の場合、冒頭に要約を載せるので、ここを見ると結論がわかるようになっている。研究者はこの要約にサクッと目を通して、じっくり読むべき論文かどうかを判断する（君たちが卒論を書くときも同じことをするんだよ）。

つまり、**「先に結論」という書き方は「プロセスはともかく、早く結論を知りたい」という場面に向いている**といえる。

では、大学入試の小論文はどうだろう？

採点者が求めているのは「立派な結論」ではない。試験本番の限られた時間、限られた資料だけで革命的なアイデアを出せというのは無理な話だ。

それよりも大事なのは「課題文を正しく理解する力」と「与えられた情報の中で正しく問題解決を考える力」の二点。つまり「プロセス重視」なんだよ。

だから、**大学入試の小論文では「プロセスが先、結論が後」という順序になる。**

数学の解答もいきなり答えではなく、順を追って計算した結果として最後に答えを書くよね。あれもプロセス重視のテストだからだ。

ただし大学入試の小論文でも、「新規事業を立ち上げる企画書を書け」という変わった課題なら、求められているのはビジネス文書の書き方だ。だから結論が先。

読み手のニーズを考えて、臨機応変《りんきおうへん》に使い分けよう。

オキテ20
大学入試では「プロセスが先、結論は後」。

21 「賛成か反対か」のときの段落構成

問題 修学旅行を世界一周にする案について、賛成か反対かを表明したうえであなたの意見を述べなさい。

モヤモヤ答案

第一段落　私は修学旅行を世界一周にする案に賛成だ。

第二段落　なぜならば、広く世界を見ることはいい勉強になるからだ。世界で活躍する人材を輩出《はいしゅつ》するためにも、飢餓《きが》や紛争などの問題を自分の目で見る機会を与えるべきだ。

第三段落　よって、……やはり私はこの案に賛成だ。お金はかかるかもしれないが、OBからの寄付でなんとかしよう。

悪くはないけど、ちょっと内容が薄いなあ。

この書き方で原稿用紙を埋めようとすると、第一段落が「賛成だ。」と一行で終わってしまうんだよね。

第一段落　自分の立場
第二段落　その理由
第三段落　まとめ？

しかも「なぜならば」を第二段落にもってくると、問題点を論じるスペースがなくなってしまう。第三段落がただのくり返しになっているのはそのためだ。

「賛成か反対かを表明したうえで」という条件がつけられたら、段落構成は**パターンB　意見対立型**の応用だ。

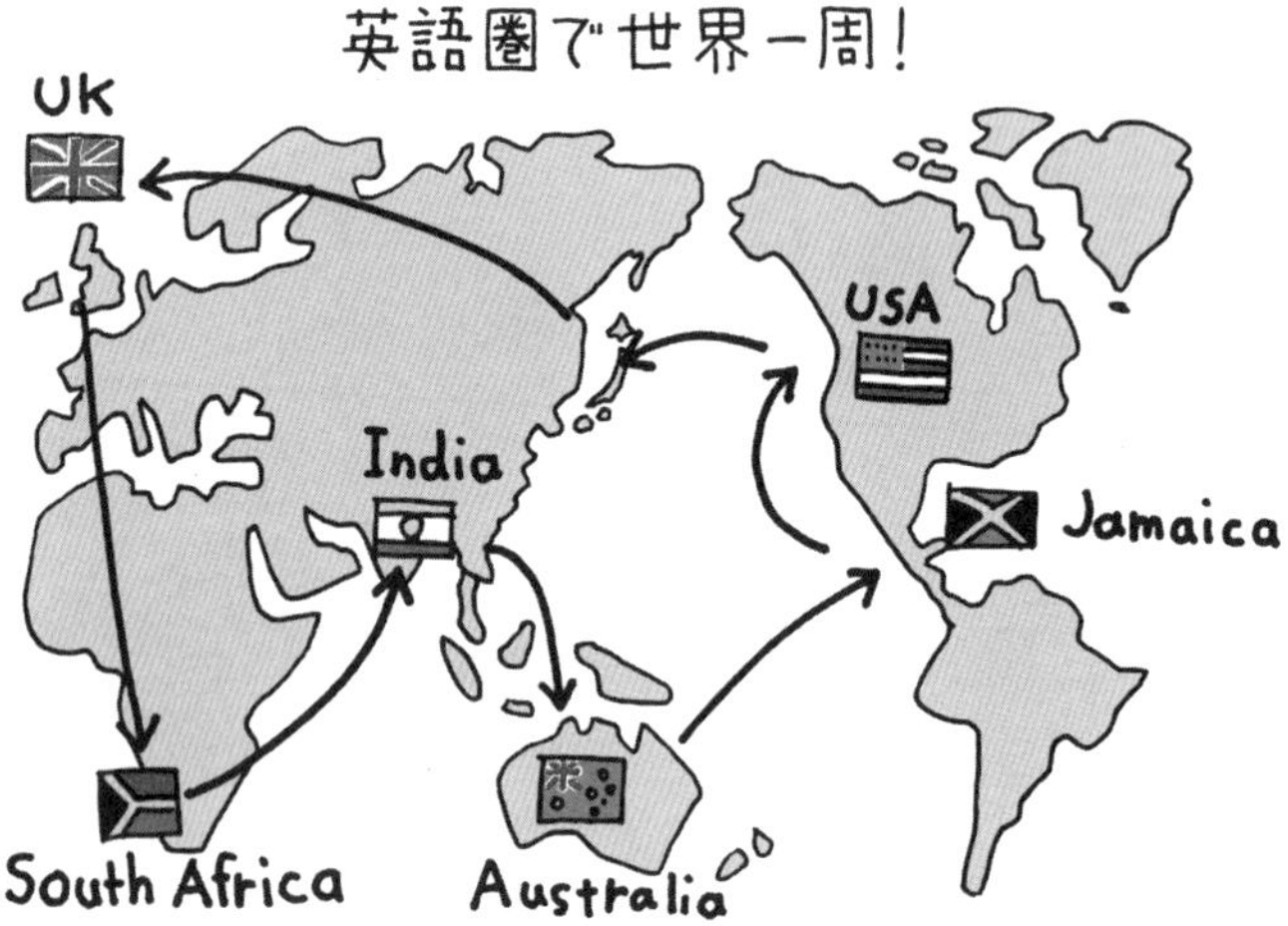

第一段落　自分の立場とその理由
第二段落　自分の立場の問題点
第三段落　解決策

自分の立場の直後に「なぜならば」を続けてしまうのがコツだ。こうすれば第一段落が数行埋まる。

第二段落ではつい「逆の立場の問題点」を書きたくなるけど、ここでは「自分の立場の問題点」を書こう。中身の濃い文章にする秘訣《ひけつ》はここにある。

逆の立場の問題点が「世界一周旅行をしないと世界を見ることができない」だと、自分の立場の理由「世界を見るため」の単なる裏返しになってしまうんだよ。

スッキリ答案

第一段落　私は修学旅行を世界一周にする案に賛成だ。なぜならば、世界で活躍できる人材を育てるには世界の諸問題を見ることが大切だからだ。

第二段落　しかしそれには言葉の壁という問題がある。言葉が通じなければ現地の人たちの思いを聞くことは難しい。

第三段落　したがって、英語圏に限定した世界一周にするべきだ。アメリカ、イギリス以外にも南アフリカやインド、ジャマイカなど多様な国ぐにを回ることができる。

単に「意見が対立してますよ」という課題なら**賛成派／反対派双方の主張**を均等に取り入れて折り合いのつく解決策を提案するのが大人の対応。

でも「どちらかの立場を選べ」といわれたら、**自分が選んだ立場のメリットとデメリット**の折り合いをつけよう。

オキテ21

自分の立場のメリットとデメリットの折り合いをつける。

22 「起承転結」じゃダメなんですか？

ちょっと古い文章作法といえば「起承転結」。いまでも「小論文は起承転結で書くものだ」という人がいるよね。

でも、「起承転結」はもともと小論文ではなく漢詩の作り方なんだよ。

『春暁』　孟浩然

起　春眠不覚暁（春眠《しゅんみん》暁《あかつき》を覚えず）
（春の朝って眠いよなあ……のどかな朝）

承　處處聞啼鳥（處處啼鳥《しょしょていちょう》を聞く）
（鳥がチュンチュン鳴いている……のどかな朝）

転　夜来風雨聲（夜来《やらい》風雨の聲《こえ》）
（そういえばゆうべは雨の音が聞こえたぞ……昨夜の風雨）

結　花落知多少（花落つること知る多少）
（おかげで庭の花も散ってしまったかな……のどかな朝）

三行目の「転」で場面をガラリと変えるところが「起承転結」のポイントだ。

この構成、小説やドラマの世界では現代でもよく使われている。

『劇場版　湯けむり探偵の相棒的な事件簿』

起　出来事がはじまる（主人公がのんびり温泉旅行にやってくる）
承　出来事が進展する（殺人が地味に起こる）
転　場面が急展開する（国家を揺るがす巨大な陰謀《いんぼう》に巻き込まれる）
結　一件落着（黒幕が逮捕され、主人公は温泉を満喫《まんきつ》。めでたし、めでたし）

「転」のスリリングな展開で観客をドキドキハラハラさせ、「結」のハッピーエンドでホッとさせる。「起承転結」はエンターテインメントの王道だ。

しかし！

大学入試の小論文にスリリングな展開はいらないよね。採点者をホッとさせる必要もない。求められているのは「問題提起→原因分析→解決策」を示すことだけだ。

小論文を書くときは、「起承転結」は忘れよう。

オキテ㉒

「起承転結」はエンタメ作品で使おう。

23 何かてっとり早い練習法ないっすか？

八〇〇字も一生懸命に書いたのに「出題意図がわかってない。書き直し！」と全否定されると、ヘコむよなあ……。

課題文への切り口や問題解決のプロセスを練習したいなら、毎回八〇〇字も書く必要はない。各段落一行ずつ、合計三行の段落メモ「三行小論文」で何度も試行錯誤《しこうさくご》する方が効率的だ。

問題

生態系の破壊について、具体例を挙げて述べなさい。

まずこの問題について三行でまとめてみよう。

❶ 具体例を挙げる。
❷ その原因を書く。
❸ 今後の生態系について。

全然ダメ。具体的な中身が書いてないじゃん。はい、もう一回！

❶外来魚について。
❷釣り人が放したからだ。
❸釣りを禁止しよう。

惜しいね。外来魚の問題も場所によっていろいろだ。そこまで特定しないと解決策は見つからない。もう一度！

❶多摩《たま》川で外来魚が増えている。
❷川に流れ込む排水の温度が高くて冬を越せるからだ。
❸排水口周辺に網を張って捕獲《ほかく》しよう。

よし、合格。この線で原稿用紙に八〇〇字書いてみよう！

初心者のうちは数をこなすことが質につながる。だから三行小論文も勢いをつけて短時間のうちに何通りでも書き直そう。ダメ出しされるたびに自分の思考回路が進化していく様子が目に見えるはずだ。

オキテ㉓ 三行小論文を何通りも書きまくれ。

Q&A

Q 学校で「新聞の社説やコラムを要約しなさい」といわれました。これって効果ありますか？

A 「社説の要約」には「単なる要約練習」のほかに「社会のニュースに目を向けてほしい」という教育的配慮もあるんだよ。その二つの意味で効果はある。

ちなみにコラムというのは一面の下の方にある軽い文章。朝日新聞の「天声人語」が有名だね。社説は二面や三面で世の中に対して意見を述べている硬い文章のことだよ。

せっかくだから要約だけで終わらずに、その社説を課題文として自分の意見も書いてみよう。実際、社説やコラムが入試問題に使われることは非常に多いので、本番さながらの予想問題演習になる。

Q 電子辞書って便利そうですけど、「紙の辞書の方が頭がよくなる」とも聞きました。ぶっちゃけ、どっちがいいんですか？

A 電子辞書は小論文の必須アイテムだ。

高校生にとって電子辞書の一番のメリットは国語辞典でも英和辞典でもなく、百科事典が入っていること。ニュースに出てくる言葉は国語辞典より多いし、意外にも理科や社会の用語集より説明が詳しい。それに紙の辞書は持ち歩けるけど、百科事典を全巻持ち歩くのは物理的に不可能だよね。

たしかに紙の辞書は五十音順やＡＢＣ順を考えながら引くので頭の体操にはなる。でもこれは小中学校でやっておくべき基礎トレーニングだ。高校生になったら脳トレの効果より百科事典のメリットの方が大きい。

第四章

意外とできない「日本語」のルール

「で、結局何をいいたいの？」といわれてしまう人には間違った日本語のクセがある。選択肢ばかり選んでいては絶対身につかない、正しい「説明の日本語」をマスターしよう。

24 知らないと恥ずかしい原稿用紙のルール

「一行目に二マス空けて題名、二行目の下にクラスと名前」というのは小中学校での作文のルール。懐かしい。でも大学入試ではいきなり本文から書きはじめるんだよ。ほかにも受験生が戸惑いやすいルールといえば、字数、行頭・行末、そして英数字。

■「六〇〇字以内」って、何文字？

小論文での「字数」は「行数」で数える。改行するとその部分から下が余白になるけど、この部分も字数に含める計算になる。

「……字以内」といわれたら規定字数の八割以上は書こう。ただし字数オーバーはしちゃいけない。「……字程度」の場合に限り、一割くらいオーバーしてもいい。

たとえば「六〇〇字以内」の場合、一行が二〇字の原稿用紙であれば二五〜三〇行、一行が二五字の原稿用紙では二〇〜二四行の範囲で書き終わればいいことになる。

だろうか？　×？や！は使わない
×段落の最初は一マス空け　そこで私が提案するのは
×句読点は行頭に置かない　、「企業」ではなくNPOにもっ　×略号は一マスずつ
×「」は一マスずつ使う　×小さい「っ」は行頭でいい
と機会を与え第1線で活　×漢数字を使う

だろうか。○
○そこで私が考えるのは、○
○「企業」よりNPOにも○
っ○と機会を与え第一○線で

■記号は行末の処理に注意

句読点や括弧《かっこ》などの記号は一文字扱い。「」は合わせて二文字になる。

ただし、「！」と「？」は小論文では使わないこと。これらは英語の表記法であって、正式な日本語の記号ではないんだよ。

絵文字・顔文字が論外なのはいうまでもない。

記号で注意したいのが、行末の処理。

句読点が行頭（一マス目）になりそうなときは、直前の行末のマスに文字と一緒に押し込む。

そこで迷うのが、「っ、ゃ、ゅ、ょ」などの小さい字だよね。句読点とは違ってこれらは一人前に行頭でも一マス使う。あくまでも「文字」だからだ。

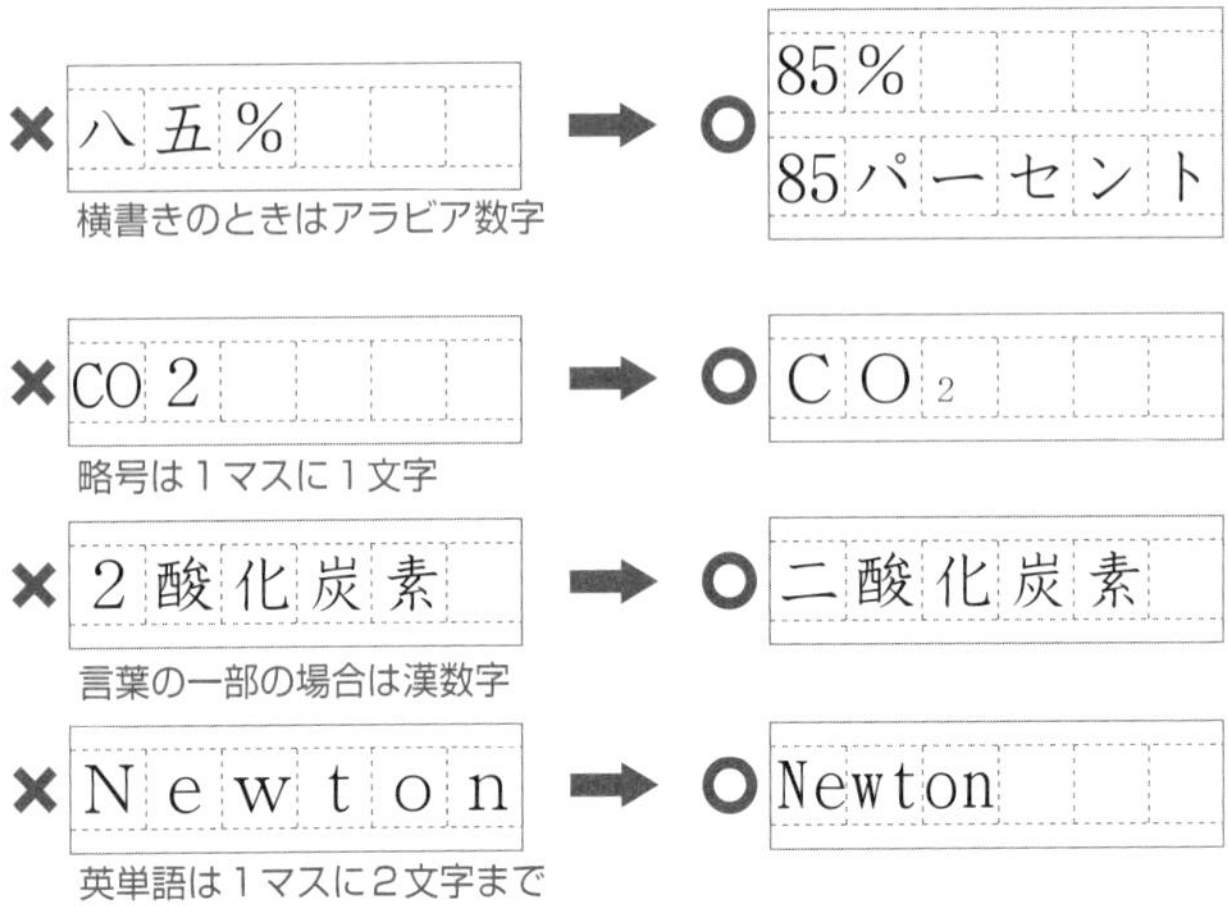

縦書きの英数字は日本語化する

縦書きの場合は基本的に漢数字、単位は「パーセント」のようにカタカナを使う。横書きの場合の数字は一マス二桁まで、単位は「パーセント」または「%」どちらでもいい。ただし「二等辺三角形」のようにデータではない言葉は漢数字。

アルファベットは「ＮＰＯ」「ＩＴ」のような略号に限り、一文字一マスずつ。ただし「ＣＯ２」は縦書きだと不格好なので横書きのみで使うのが無難。「二酸化炭素」なら縦でも横でも可。

英単語は横書きなら一マスに二文字。縦書きの場合は英単語を横に書いても構わないけど、カタカナにした方が書きやすい。

■要約の最初は一文字下げる？　下げない？

行頭を一文字下げるのは段落がはじまるとき。これが基本ルール。だから段落に分ける文章は一番初めから一文字下げること。

迷いやすいのは「二〇〇字で要約せよ」のときだね。二〇〇字要約や「一〇〇字以内で説明せよ」という傍線部説明問題は基本的に段落分けしないので最初の一文字は下げずにスタート。ただし、要約が四〇〇字を超えたら前半と後半くらいには分けた方が読みやすいだろうから、そういうときは二段落にして最初の一文字を空ける。

要は段落分けされている文章と段落のない文章で一マス目の扱いが違うということ。ときどき、行末でちょうど文が終わると、話が続いているのに次の行を一文字下げる人がいるけど、これは「行頭はとにかく一文字下げる」と誤解している人だ。あくまでも段落（意味のまとまり）単位で考えよう。

オキテ24

原稿用紙はルールを守ると書きやすく、読みやすい。

25 カジュアル言葉、フォーマル言葉

小論文で使ってはいけない表現といえば、「つーか」「……じゃない」「だよね？」。

……この本の文体じゃん！

「正しい文章の教科書」としては最悪の本かもしれないね。やばい（汗）。

でも、これはわざとやってること。なぜなら、**すべてのページを論文調で書いたらだれも読んでくれないから（笑）**。

文章には「カジュアルな文章」と「フォーマルな文章」の二種類がある。大事なのはそれぞれに合った言葉を使い分けることだ。

「カジュアルな文章」とはメール、ブログ、小説、エッセイなど。カジュアルな文章では読み手との距離感や書き手の印象を演出するために、わざと崩した「カジュアル言葉」を使うことが許されている。

でもそれを小論文、ビジネス文書、新聞記事のような「フォーマルな文章」でやってはいけない。これらの文章では内容の正確さ以外は求められていないからだ。

カジュアル言葉とフォーマル言葉　その1

	カジュアル言葉	フォーマル言葉
い抜き言葉	してる	している
ら抜き言葉	見れる	見られる、見ることができる
人　称	僕、俺、あたし	私（わたくし）
	あの人たち	彼ら
音　便	……じゃない	……ではない
	しょうがない	しかたがない
	ってゆうこと	ということ
活用間違い	違くて	……とは違い、……とは異なり
強調語	すごく、超……	とても、非常に
	普通に美味しい	とても美味しい
	やばい	とてもよい／危険である
接続語	だから、なので（文頭）	そこで、したがって
	……から（理由を表す）	……のため
	ていうか、つーか（文頭）	むしろ、それよりは
	……っていうか、……っつーか	……というよりは
	……とか（単独であいまいにする用法）	……など（「……とか……とか」の並列は可）
	……けど	……だが
体言止め	……という話。	……という話であった。
文　末	……だよね？、……じゃね？	……ではないだろうか。

カジュアル言葉とフォーマル言葉　その2

	カジュアル言葉	フォーマル言葉
動作	やる	する
	頑張る	努力する
	書く	執筆する
	話し合う	議論する
状態	きれい	美しい／清潔な
	汚い	不潔な
	ちゃんとした	正しい、適切な
	ダメな、残念な	間違った、不適切な
	ふらふら、ぐらぐら	不安定な
人	お父さん、お母さん	父、母／両親、保護者
	おじいさん、おばあさん	祖父、祖母／高齢者
	国の偉い人たち	政府、政治家、官僚
	普通の人	国民、一般市民、庶民
	お金持ち ↕ 貧乏な人	高所得者、富裕層 ↕ 低所得者、貧困層
	作る人	生産者
	売る人 ↕ 買う人	小売業者 ↕ 消費者
モノ	ご飯	食事、食料
	お金	金銭、現金、給料、所得
	ケータイ	携帯電話
	お店	商店、小売店

カジュアル言葉とフォーマル言葉は場によって使い分けよう。

これは服装のルール（ドレスコード）と似ている。

河原でバーベキューをやるときにスーツにネクタイではおかしいし、みんながスーツを着ている会議室にTシャツとジーンズでは不審者と思われてつまみ出される。

フォーマルになりきれていない中途半端なのもかっこ悪いね。スーツなのに足元だけ白のスニーカーとか（昔の学校の先生に多かった）。ワイシャツの下からミッ〇ーマウスのTシャツが透《す》けて見えるとか。

フォーマルな文章にカジュアル言葉が混ざらないようにするには練習が必要だ。文章を書くときに前のページの表でチェックしよう。書いたものを先生に見てもらうのもいいね。特に「い抜き言葉」は自分では違和感を感じないことが多いので、他人からのフィードバックは大切だ。

それからフォーマルな文章をたくさん読んで慣れることも大事。**新聞記事や現代文の入試問題を読むのが効果的**だね。

オキテ25

崩すときはかっこよく崩す。決めるときはビシッと決める。

26 主語と述語がよくズレる

ガッカリ答案

私の意見は政府が人生一〇〇年時代が到来する社会において高齢者も活躍できるような雇用制度を望んでいる。

これまた入り組んだ文を書いたねえ。読みにくいだけではなく、主語と述語の対応が間違ってるぞ。

「意見」が「望んでいる」のはおかしいし、望んでいるのが「私」とも「政府」とも「高齢者」とも解釈できてしまう。

なぜこうなるのか、この文（センテンス）を分析してみよう。

私の意見は《主語1》｛政府が《主語2》（人生一〇〇年時代が《主語3》到来する《述語3》）社会において（高齢者も《主語4》活躍できるような《述語4》）雇用制度を｝望んでいる《述語1？ 2？》。

「主語1（主語2―述語2）述語1」のように入《い》れ子《こ》状になった文を「複文」とよぶ。英語でいうと関係代名詞を含む文がこれにあたる。

右の例では「主1｛主2（主3―述3）（主4―述4）｝……」と入れ子が複雑になりすぎて、最後の述語を書くころには主語が何だったか忘れてしまったんだね。

まずセンテンスを分けよう。そして主語と述語の距離を近づけよう。

スッキリ答案

この社会《主語1》は人生一〇〇年時代を迎え《述語1》ようとしている。高齢者《主語2》も活躍でき《述語2》るような雇用制度《主語3》が必要《述語3》だ。これを政府《主語4》が実現《述語4》してくれることを私《主語5》は望ん《述語5》でいる。

オキテ26

「主―述」の入れ子をなるべく避ける。

27 説明には順番がある

問題

日本の文化を何も知らない外国人に「ドラえもん」を説明しなさい。
(ただし日本語で構わない)

ガッカリ答案

ドラえもんは体の青いネコ型ロボットで、ネズミが大嫌いである。便利な道具を出して主人公を助け、どら焼きが好きである。

「オー、さすがニッポン! そんなグレイトなロボットが開発されたなんて!」

実在するロボットだと誤解されるぞ、この説明。

何も知らない外国人ならば、そもそも「ドラえもん」という言葉が人名なのか食べ物なのか地名なのかすらわからないだろう。だから最初に必要なのは、「ドラえもん」が「マンガに登場する架空《かくう》のキャラクター」であるという大まかな情報だ。

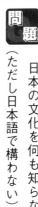

スッキリ答案

ドラえもんは日本の有名なマンガのタイトル、およびそれに登場する架空のキャラクターである。未来からやってきたロボットで、ポケットから未来の道具を出して主人公の少年を助けようとする。

「大まかな情報から細かな情報へ」という順番で書くと、何も知らない初心者もすんなり入っていけるし、ある程度知っている人でも先の方まで読んでいけばもっと詳しい情報が得られる。

不特定多数の人に向けた文章では「読み手がどれくらいの知識をもっているかわからない」という前提で、大から小まで広く網を張っておく必要があるんだよ。

このような書き方で参考になるのは百科事典の書き方。インターネット上の百科事典「ウィキペディア」で調べ物をするときは、説明文の書き方にも注目してみよう。

オキテ27 **説明は大から小へ。**

28 「しっかりと」を具体的にいうと？

ガッカリ答案

年金制度については、しっかりと議論する所存《しょぞん》です。
官僚の天下りは、しっかりと監視しなければなりません。
国民の生活は、しっかりと守ります。

「しっかりと」って、何だ？

「普通の議論はここまでで、しっかりコースは○○がプラスされます」くらいはいってほしいね。天丼だって「並」はエビ一本で「上」はエビ二本とか、明確な差がある。

政治家のいう「しっかりと」は「何もしません」と同義語。

具体的な中身がないので反対されることはない。便利ないい回しだ。ただし賛成のしようもないので議論はまったく前に進まない。

年金制度の何を変えるのか、官僚組織の何を変えるのか、国民生活の何をどう守るのか。本当にやる気のある政治家なら、「何を」を具体的にいえるはずだよね。

スッキリ答案

国民年金は未納の人も未確認の人も含め高齢者全員に満額《まんがく》支給します。財源は消費税二五パーセントでまかないます。

これなら賛否両論の大論争がはじまるだろう。その代わり議論は前進する。

具体的とは「だれが、何を、どうするのか」。

特に数字と固有名詞（地名、人名、団体名など）を用いると具体性がグッと増す。

「一生懸命練習しました」ではなく「毎日八時間バットを振りました」。

「いろんな国々の文化に触れてきました」ではなく「セネガルとフィンランドとアルゼンチンを旅してきました」。

「頭がよくなった気がする」ではなく「偏差値が四〇から七〇に！」

あいまいな表現ならウソでもいえる。本当のことだからこそ、具体的に説明して信用を勝ち取ろう。

オキテ28

具体的とは「だれが、何を、どうするのか」。

29 否定語だけでは伝わらない

モヤモヤ答案

人生で最も大事なのは、お金ではない。社会的名声でもない。個人の快楽でもない。

……え、それで？

人生で大事じゃないものばかり並べられても、「では何が大事なのか」という肝心《かんじん》な情報は伝わらないよね。「冒険」といいたいのか、それとも「家族」といいたいのか。

スッキリ答案

人生で最も大事なのは、トイレ掃除である。

これならこの人の価値観はハッキリわかる。共感するかどうかは別だけど。

説明は「～である」という肯定語でいいきろう。特に注意書きや命令では、指示にあいまいさを残さないように「△△するな、○○しろ」という二段構成が有効だ。

モヤモヤ答案
危険ですから、バスの走行中は席を立たないでください。

「立つな」といわれても、両替でモタモタしたら迷惑かけるかなと焦《あせ》って、停車前に席を立っちゃう人はいるものだ。で、案の定ブレーキを踏まれると転んでしまう……。

スッキリ答案
走行中、席を立つと危険です。
安全のため、バスが停車してからゆっくりお降りください。

これなら、自分が降りるまで待っていてくれるんだなと安心できるよね。

オキテ29
肯定語でいいきるとハッキリ伝わる。

30 「変化」を引き立たせるには？

モヤモヤ答案

このサプリメントをご愛用の主婦Aさん、ウエストなんと六〇センチ！

スッキリ答案

ウエスト九〇センチだった主婦のAさん、このサプリメントを飲みはじめて三か月でウエストが六〇センチに！

現在のウエストサイズだけいわれても、どれだけ効果があったのかはわからない。そこでダイエット食品の広告では、その効果を強調するために「使用前（ビフォー）」と「使用後（アフター）」を対比させる。リフォーム番組も同じだね。

と、ここまではみんなもテレビで見て知っている話。

なのに「自己PR書」を書こうとすると、これができないんだよなあ。

モヤモヤ答案

私はもともと負けず嫌いで頑張り屋の人間だ。そのうえ、老人ホームでのボランティア活動を通し、さらに積極的に行動できる人間に成長できた。

「いいこと」ばかり並べると変化がわからないし、せっかくの長所が埋もれてしまう。

スッキリ答案

以前の私はいわれたことを最低限こなせばいいと考える怠け者だった。しかしボランティア活動を通して、積極的に行動してこそ細かい点に気づき、他人の役に立つことができるということを学ぶことができた。

「ダメだった過去」を書くことを恐れるな。その**ギャップこそが成長**なんだから。

オキテ30

変化の説明は「ビフォー／アフター」。

31 「世界一」を目指すのは何のため？

問題

「宇宙開発で世界一を目指す」ための予算が計上されていますが、それは本当に必要な事業ですか？

「二位でいい」といってるわけではないよ。「巨額の予算は、世界一を目指す必要性がわかっている人に配分します。単に『世界一』を名目に税金を無駄遣《むだづか》いしようとする人にはビタ一文《いちもん》渡しません。あなたは必要性がわかっている人ですか？」という意味だ。ここで上手く説明できないと一大プロジェクトが頓挫《とんざ》してしまう。答弁《とうべん》に立ったお役人は責任重大だ。

宇宙開発で日本が世界一を目指す「必要性」、どう答えるべきだろう？

ガッカリ答案

世界一になれば、日本の子どもたちがこの国に誇りをもつことができます。

子どもたちに誇りをもたせるなら、宇宙開発じゃなくてもいいはずだよね。スポーツでも自動車産業でも、日本人が世界一を狙える分野はほかにいくらでもある。それに、子どもたちが日本に誇りをもたないと、だれか困るのか？

スッキリ答案

二位以下であれば、世界一の国から技術を買うためにお金を払い続けることになる。また技術を独占している国が軍事的にも優位に立つのは明らかである。このように世界一にならなければ経済面でも国防面でも国益を損なうのである。

「必要性」とは、「それがないとどう困るのか」ということ。宇宙開発で世界一にならないと日本が何を失うのかを説明されたら、反論しにくいよね。こういうのを「説得力がある」という。

オキテ31

必要性とは「それがないと困ること」。

32 「客観的に説明する」とは？

問題 ニュースを捏造《ねつぞう》して、架空《かくう》の新聞記事を書きなさい。

これは「客観的に書く」というトレーニング。小論文初心者にはかなり効果的だ。テーマは何でもいい。事件でもスポーツでも芸能でも。本物の報道ではないので思う存分捏造して構わない。ただし、「新聞記事」の書き方という条件だけは守ること。

モヤモヤ答案

昨夜八時ごろ、駅前の路上で交通事故が発生した。大破《たいは》した乗用車に乗っていたのは会社員Aさん（四五）。現在も病院で苦しんでいる。トラックを運転していたB容疑者は現行犯逮捕。運転前に酒を飲んでいたらしい。

客観的に書くというのは「気持ちや推測ではなく、事実だけを書く」ということ。「苦しんでいる」というのはAさんの「気持ち」なので、苦しいか苦しくないかは本人にしかわからないはずだよね。「飲んでいたらしい」という表現も、目撃者の証言なのか警察の発表なのかわからない。

記者の主観や推測が混じると、新聞記事としては信用がなくなってしまうんだよ。

スッキリ答案

昨夜八時ごろ、駅前の路上で交通事故が発生した。乗用車に乗っていた会社員Aさん（四五）は現在も意識不明の重体。トラックを運転していたB容疑者からは基準値を超えるアルコールが検出され、警察の調べに対し酒を飲んだことを認めている。

記者も人間だ。犯罪に憤《いきどお》ることも被害者に同情することもある。それでも彼らは主観をそのままには書かない。むしろ**事実に代弁させることで説得力が増す**んだよ。

オキテ32

気持ちや推測は、事実に代弁させる。

33 「どういうことか」は三種類

問題

傍線部ア「……」とはどういうことか、六〇字以内で説明しなさい。

みんなが大嫌いな現代文の記述問題（笑）。小論文の試験でも課題文型では問一あたりで出題されることが多いよね。こういう問題は白紙で出す受験生も多いので、ちゃんとした答え方を知っていればかなりの得点源になるんだよ。

ところで、この「**どういうことか**」**という問いには意味が三つある**ことを知っていたかな？

❶ 傍線部を〈言いかえる〉
❷ 本文中の情報を〈まとめる〉
❸ 抜けている論理を〈埋める〉

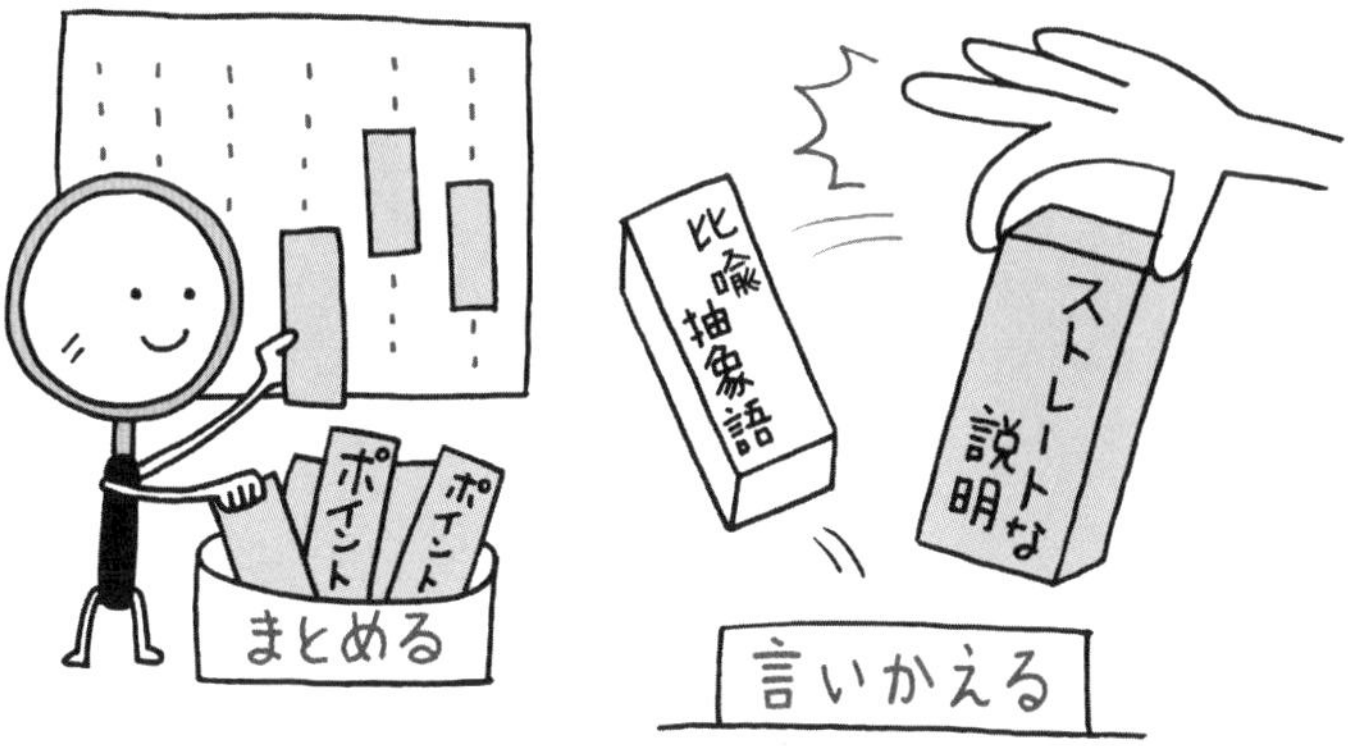

これらを区別しないと、〈言いかえる〉問題でその辺の段落をまとめてしまったり、〈埋める〉問題なのに傍線部をいい換えてしまったりするんだよね。

出された設問がこのどれに該当《がいとう》するかは、傍線部をよく読んで見分けよう。

■ 傍線部を〈言いかえる〉

傍線部に比喩や抽象的な表現、難しい熟語などが使われているときがこれ。

たとえば「**傍線部『自動機械のような人間』とはどういうことか**」という問題なら、「自動機械」という比喩を〈言いかえる〉問題。「自分では考えず与えられた作業だけこなす存在」のように答えればいい。

■本文中の情報を〈まとめる〉

「傍線部『こうした議論』とはどういうことか」のように「これ」「それ」といった指示語があったら、それ以前の内容を〈まとめる〉問題。

ただし「それ以前」というのがその段落内の直前なのか、もっと前の方の段落なのかはケース・バイ・ケース。

■抜けている論理を〈埋める〉

一番難しいのが、この〈埋める〉問題。

傍線部に矛盾した表現や論理の飛躍した表現が使われている場合、それは単にその言葉を言いかえるのではなく、その間の因果関係を埋めろという問題だ。

たとえば「傍線部『風が吹くと桶屋《おけや》が儲《もう》

かる』とはどういうことか」という設問なら、「風」と「桶屋」の比喩を言いかえて「こっちで起こった小さな出来事がまったく別の所で意外な影響をもたらすこと」と答えるだけでは不十分。

「(風が吹く↓) 埃《ほこり》が舞って目を傷つける↓江戸時代の話だが、失明した人たちは三《しゃ》味《み》線《せん》を弾いて生計を立てるようになる↓三味線には猫の皮が張られている↓猫が減ってネズミが増える↓ネズミが桶をかじって穴を開ける↓人々が新しい桶を買いに行く(↓桶屋が儲かる)」

ここまで答えてはじめて正解といえるんだよ。

ただし、この「抜けている因果関係」の中身が、本文中に書いてある場合と書いていない場合があることには気をつけよう。特に小論文の傍線部説明問題では、本文に書かれていないことが出るのは当たり前だと思っておいた方がいい。

オキテ33
「言いかえる」のか「まとめる」のか「埋める」のかを見分けよう。

34 「なぜ」に弱いと出世できない

問題

君はなぜ就職活動に失敗したんだい？

ガッカリ答案

運悪く、前年からの不況で就職氷河期に当たってしまいまして……。

この答え、どこがおかしいかわかるかな？

「就職氷河期」はこの人だけでなく就職活動している人全員に振りかかっている災難だ。でも、その中にはいい会社に就職できた人もいるはずだよね。

だからこの質問を言いかえると、「就職活動に成功した人と失敗した君との違いは何？」ということになる。

成功した人と
自分との違い

みんなに
共通の問題

スッキリ答案
英語が苦手なのに見栄を張って外資系企業ばかりを受けたからです。

こう答えられる人なら、次は英語力の求められない会社を受けるだろうから成功に一歩近づいたといえるね。

「なぜ」という言葉はあいまいだ。相手の意図をくみ取らないとかみ合わない会話になってしまう。

「何のせい？」「何のため？」「何がきっかけ？」「何が根拠？」……。

「なぜ？」の問いは「何？」の質問に変換してみよう。

「君はなぜ野球部に入ったの？」と聞かれ

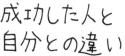

て「友達に誘われたからです」と過去のきっかけを答えてもつまらない。ここでは「仲間と一緒に甲子園に行くためです」と未来の目的を答えた方がカッコイイよね。

問題

「いわゆるモンスターペアレントとよばれる親たちは、普段から塾や習い事を通して親の価値観を子どもに一方的に押しつけていることが多い。自分の愛情が条件つきであることを隠すために、学校で子どもが叱られるとものすごい剣幕《けんまく》で学校を糾弾《きゅうだん》しにやってくるのだ。」

傍線部について、親がこのような行動をするのはなぜか、説明しなさい。

ガッカリ答案

自分の愛情が条件つきであることを隠すため。

傍線部の直前をそのまま書いて答えになるようなアホな問題を大学が出すわけない。「条件つきの愛情を隠すため」はわかっていること。問題は「**何をすれば**無条件の愛をアピールできるのか」、そして「この場面のおかしな点は**何なのか**」ということだ。

スッキリ答案

たとえ子どもに非があっても肩をもつことが無条件の愛情だと考えているから。

「いじめられたとき」ではなく、「叱られたとき」というのがこの場面のおかしな点。「本人が悪いときでも＝どんな場合でも＝無条件」という理屈を答えよう。

オキテ34

「なぜ？」は「何？」の問いに変換しよう。

Q&A

Q いま高三です。国語力をつけるには読書が大事だと思うんですけど、やっぱ最初は『羅生門《らしょうもん》』あたりからですかねえ?

A 小説はやめておこう。たしかに小中学校時代に文学作品をたくさん読んでおくのはいいことだけど、それが国語の偏差値に現れるのは数年後。しかも高校三年生は英語や数学の勉強もあって忙しいので、試験に出ない小説を読むのは効率が悪い。

おすすめは新書(新刊書とは違う)。文庫本より縦長のサイズの本の総称だ。各出版社から歴史や科学、文化論、言語論、思想などいろんなジャンルが出ているので興味のあるタイトルを探してみよう。それに新書は入試問題に採用されることも多い。受験に直結した読書といえる。

Q 大学生の先輩から「経済学のテストがまったくわからなかったから、答案用紙に「美味しいカレーの作り方」をチョー詳しく書いたら単位もらえた」と聞きました。入試でこれやったらどうなりますか?

A 武勇伝の一つくらいにはなるかも(笑)。

「美味しいカレーの作り方」「美味しいプリンの作り方」は何十年も前から大学生の間で語り継がれているネタなんだよ。

これを歴史上はじめてやった学生の独創性と度胸は偉大だ。でも後からその話を聞いてマネした人間には何の創造性もないよね。

僕が専門学校で心理学を教えていたときも「美味しいイシュケンベ・チョルバスの作り方」を書いた学生を不合格にしたことがある。珍しい料理ならいいってもんじゃない。

第五章 学校では教えてくれない問題解決のルール

小論文の最重要課題なのに、なぜか国語の時間には教わらない「問題提起→原因分析→解決策」のロジカルシンキング。シンプルなルールで世の中の問題をスッキリ解決しよう。

35 問題解決には順序がある

問題解決で一番大事なのは**「問題提起→原因分析→解決策」という思考の順序**。スタートの問題提起がズレていたり途中の原因分析が抜けていたりでは、トンチンカンな解決策しか出てこない。

この章では具体的な問題を例に挙げながら正しい問題解決のコツを紹介していくけれど、その前に各プロセスの大まかなチェックポイントを整理しておこう。

■ 問題提起のチェックポイント

❶ 実際に起きている問題か

❷ 議論するほど重大な問題か

「鳴かぬなら　殺してしまえ　ホトトギス」と小鳥に逆上した信長《のぶなが》が本能寺《ほんのうじ》で倒れたのに対し、家康《いえやす》は「鳴くまで待とう」とこの問題をスルー。幕府を開くほどの人物は小さな問題に目くじら立ててはいけないということだね。

■ **原因分析のチェックポイント**

❶ 解決可能な原因か

❷ それが本当の原因か

「僕が勉強できないのは、遺伝のせいだ」と両親を責めても、いまさらDNAは変えられない。素直に自分の努力不足を認めて、宿題やりなさい。

■ **解決策のチェックポイント**

❶ 本当に解決に結びついているか

❷ コストや犠牲が大きすぎて本末転倒になっていないか

東日本大震災の被災地で建設が進められている防潮堤。でも巨大なコンクリートの壁で海が見えなくなったら漁業に支障をきたすし観光客だって来てくれない。何十年後かわからない次の津波のために現在の産業を犠牲にするのは本末転倒だよね。むしろ高台まで駆け上がれる避難路を何本も作る方が合理的だろう。

オキテ35

急がば回れ。問題提起⇩原因分析⇩解決策の順序を守ろう。

36 「コピペレポート」の何が悪いのか？

問題 近年、大学関係者を悩ませているのが、いわゆる「コピペレポート」だ。ネットで検索した情報をマウス一つで「コピー＆ペースト」し、寄せ集めの内容だけで「レポートらしきもの」を手軽に作って提出する学生が増えている。
これについて、あなたの意見を述べなさい。

問題解決において一番大事なのは、何を問題点として提起するかということ。「解決策が見つからない……」と行き詰まっている答案は、そもそも問題提起が間違っていることが多いんだよ。
もし私的な感想を書くなら、気に入らないことや心配なことなど何を書いても構わない。でも小論文というのは公的な文章だ。そこでは「**議論に値すること**」と「**どうでもいいこと**」**を区別する必要がある。**

モヤモヤ答案

コピー＆ペーストでレポートを仕上げる学生がいるのは、図書館で調べ、自分で考えて書いている学生から見ると不公平だ。真面目な学生が報われるよう、コピペレポートは不合格にしてほしい。

たしかにマジメに頑張っている学生は「不公平」に感じるだろうね。

でも、その一方で「他人は他人」といって気にしない人もいるかもしれない。

「不公平感」という「気分」は人によって感じ方が違うんだよ。これでは読み手（採点者）にも「君は怒っているようだけど、私は別に気にしないよ」といわれて終わり。チャンチャン。

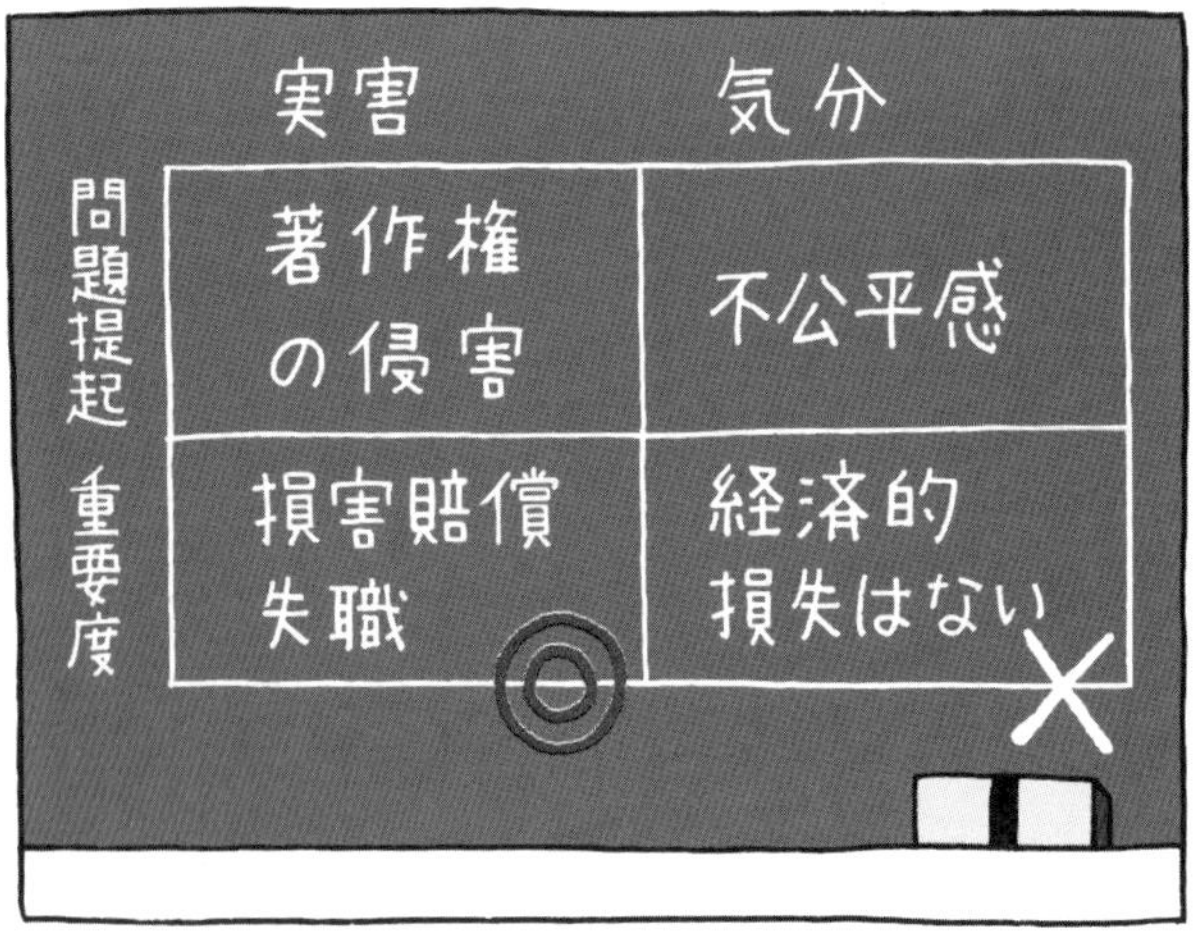

では、次の答案はどうかな？

モヤモヤ答案

コピー＆ペーストで手抜きのレポートを出している学生は頭が悪くなってしまう。これ以上大学生をバカにさせないよう、レポートは手書きを義務づけるべきだ。

たしかにコピペレポートでは「頭がよくなる」ようには思えないね。でも大学生にもなったら、それは自業自得なのではないか？

頭を使わずに生きていく道を選んだのだから、彼ら自身は困っていないんだよ。本人が困っていないのに他人が心配するのは余計なお世話だ。

この「勝手に心配する」というのも自分の「気分」にすぎないよね。議論に値する問題提起にはまだまだ遠いなあ。

だれかに客観的な「実害」が発生するケースを探してみよう。

スッキリ答案

コピペレポートの問題点は、著作権《ちょさくけん》の侵害や論文の盗用につながる危険性である。したがって教官は著作権の知識と正しい引用のルールを学生に教えるべきである。

論文の世界はパクリに厳しい。場合によっては裁判沙汰《ざた》。教授などの研究者がこれをやったらクビになる。学生のレポートも「○○ゼミの研究発表」としてネットで公開されることがあるから、どこで地雷《じらい》を踏むかわからないよね。

こうなると、もはや「気分」の問題ではすまされない。すぐにでも解決策が求められる、とても重大な問題提起だ。

オキテ36

問題提起は「気分」より「実害」。

37 電車内の本当のマナー違反とは?

問題

電車内のマナーについて、あなたの意見を述べなさい。

こういう問題を出すと、初心者は次のような答案を書いちゃうんだよなあ。
「『**気分**』**より**『**実害**』」を理解した君なら、どこがダメなのかわかるかな?

ガッカリ答案

携帯電話の話し声がうるさい。イヤホンからの音漏《も》れも迷惑だ。車内で化粧をはじめる女性も見苦しい。本当に不愉快《ふゆかい》な乗客が多すぎる。

車内には「携帯電話の話し声」に聞き耳を立てて面白がっている人もいるかもしれないし、「化粧をはじめる女性」を見て「働く女性は忙しいんだな、頑張れ!」とほ

ほえましく思う人もいるかもしれない。「気分」だから人によって異なる。

モヤモヤ答案

隣の席に荷物を置いて占領している人がいる。ほかの乗客が座れないので迷惑だ。

たしかに座席にドーンと置いてある荷物は「気分」ではない。ほかの人が座れなくなっているのは事実だ。

でも、それほど「困ること」かというと、微妙だね。荷物のせいで座れなかった人もほかの席を探すか、我慢して立っていればすむことだ。

「それくらい、いいじゃん」といわれるようでは問題提起としてまだまだ弱い。だれ

が読んでも「これは解決しなきゃ！」と思うような問題を探そう。

だれも否定できない問題って、どういうものかわかるかな？

それは「命かお金に関わること」だ。

「ほかの席を探せばいいじゃん」とはいえても、「命くらい失ってもいいじゃん」とはいえない。

「お金なんて、いらない」というライフスタイルを自分が選ぶのは勝手だけど、他人のお金まで「いらないだろ？」と捨てさせることはできないよね。

「命かお金に関わる」問題提起にはだれも反論できない。説得力最強だ。

電車内でだれかの「命かお金に関わる」マナー違反がないか、探してみよう。

スッキリ答案

電車内でマスクもせずに咳《せき》やくしゃみをしている人がいる。インフルエンザの流行時には車内にウイルスをまき散らすことにもなる。特に高齢者や妊婦、幼児にとっては命に関わりかねない。したがって車内ではマスクの着用を義務化するべきだ。

「歩く生物兵器」みたいな人、いるねえ。咳やくしゃみが出てしまうのは仕方ないけど、それをまき散らさない気遣いは欲しいよね。電車は密室なので逃げ場がない。

この解答では「高齢者や妊婦、幼児」という体力的に弱い人の「命」について問題提起している。一方、働きざかりのサラリーマンの「お金」に注目すると次のような別解も可能だ。

「インフルエンザに感染した人が仕事を休み、経済的損失が発生する」

オキテ37

問題とは「命かお金に関わること」。

38 「ドアが重い」も実害か？

問題
あなたはレストラン「オ・コションブルー」の従業員です。店のミーティングで業務改善のための意見を求められました。この店の問題点を挙げてください。

商売というのは毎日が小さな改善の積み重ね。問題解決こそ利益の源だ。見習いコックのヒロシ君に意見を聞いてみよう。

モヤモヤ発言
玄関のドアが重く、開け閉めが面倒です。僕たち下っ端は掃除やチラシ配りで一日に何度も出入りするので腕が筋肉痛になります。どうにかなりませんか？

「見習いのくせに面倒とかいうな！」とシェフの怒る顔が目に浮かぶ。

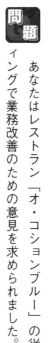

「面倒」というのはヒロシ君の「気分」にすぎないよね。

それに「腕が筋肉痛」程度では、命にもお金にも関わらない。大きな鍋が振れるようになるためには筋肉痛くらいで弱音を吐いてちゃいけないな。ヒロシ君、残念。

じつは、ヒロシ君の失敗は『僕』を主語にして話していた」点にある。

店は見習い従業員だけのためにあるのではない。この重い玄関ドアが、お客さんと経営者にとってはどうなのかを考えてみよう。

スッキリ答案

玄関のドアが重く、お客様が不便に感じています。これではベビーカーの家族連れには敬遠《けいえん》されるでしょう。自動ドアに変えたらどうでしょうか？

経営者にとって、ファミリー客が減るのは売り上げ（お金）に関わる大問題。**同じ出来事でも主語を変えれば問題の重みが変わってくる。**

オキテ38

主語を変えてみよう。

39 公務員の「意識改革」で日本は変わるか？

問題
地方公共団体や中央官庁でしばしば発覚する「裏金問題」。使っていないお金をあたかも支出したかのように見せかけ、浮いた現金を組織内部にプールするという不正な経理操作である。このような税金の「横領《おうりょう》」が半ば常態《じょうたい》化している。
これについて、あなたの考えを述べなさい。

モヤモヤ答案
日本の公務員は国民の税金を預かっているという自覚が足りない。国民が納めた税金を正しく使うよう、公務員一人ひとりがしっかりと心がけることが必要である。

この「一人ひとりが心がけよう」という結論、小論文では**最も説得力のない**解決策だ。書いてはいけないフレーズの代表といってもいい。

なぜなら「どうしたら全員が心がけてくれるのか」という大問題が残るから。**目に見えない「他人の心」ほど変えにくいものはないんだよ。**

裏金問題の場合、これほど全国的に行われているのであれば、おそらく原因は「心がけ」だけではない。**だれでも巻き込まれてしまう「仕組み」の問題があるはずだ。**

スッキリ答案

役所が裏金をプールしたくなるのは、予算を使いきらないと次の年度の予算を削減《さくげん》されるという予算の仕組みに原因がある。したがって、前年度に節約ができても次年度の予算を減らす理由にしないという予算制度の改革が必要だ。

お釈迦様《しゃかさま》もキリストも、人類の「心がけ」をよくしようと頑張った。にもかかわらず世界はいまでも争いに満ちている。聖人たちが二千年かかって無理だったものを、僕たち凡人が原稿用紙一枚で変えられるとは考えない方がいい。

オキテ39

「心がけ」より「仕組み」。

40 校則で交通事故は減らせるか?

問題

丘の上にある高校で、下校時に生徒が自転車で坂道を駆け下りることが問題となっている。校門からの急な坂道の先には大きな国道が通っており、猛スピードで下りてきた自転車が交差点で止まりきれず事故に遭《あ》うケースがたびたび起こっている。

生徒を交通事故から守る方法を考えなさい。


「あなたの学校の問題点を述べなさい」という課題は、書きやすいので小論文の入門としては最適だ。まわりを見渡すといくらでも問題点が出てくるのが学校という場所の面白さ。

ただし、気をつけないといけないのが、原因と解決策の考え方まで学校によくあるパターンにはまりやすいこと。ついうっかり次のような答案を書いてしまう高校生が多いんだよね。

モヤモヤ答案

坂道では自転車を下りて押して歩くという校則を作って、罰則も厳しくしよう。

学校って、どうして何でも校則で禁止したがるんだろうね？

どうせみんな守らないのに。

「規則は破られるためにある」という言葉もあるように、この場合も下校指導の先生の目を盗んで猛スピードで駆け下りる「悪い子」は何人もいるだろう。

それで今度は「監視カメラをつけよう」「退学処分にしよう」など、話がどんどん大きくなってしまう。

「悪い子」を相手に考えると、取り締まる側とのいたちごっこに陥《おちい》るんだよ。

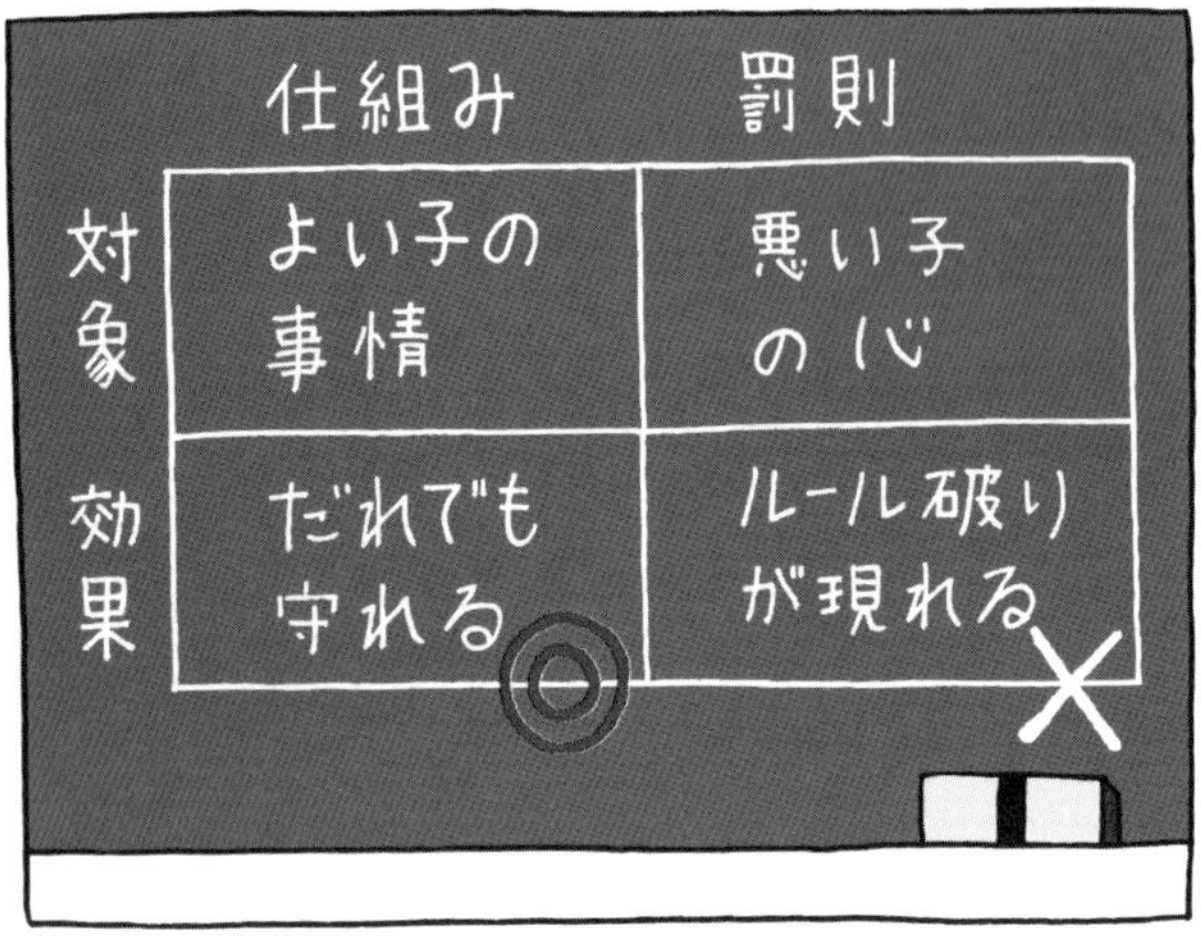

そもそも規則や罰則というものは「悪いことをするのは悪い子だけで、よい子には関係ない」という前提に立っている。

本当か？　本当に「よい子」はやらないのか？

たとえば、お母さんの代わりに幼い妹を保育園に迎えに行かなきゃいけない生徒会長の場合。生徒会の仕事で遅くなってしまったら、つい自転車にまたがって駆け下りてしまうかもしれない。

「よい子」でもやってしまうということは、何か「仕組み」の問題があるはずだ。

そもそも、なぜ「よい子」も「悪い子」も自転車で坂を下りているんだろう？

スッキリ答案

自転車を丘の上に置くのがよくない。駐輪場を丘の下に作ろう。

考えてみたら、生徒達は毎朝重い自転車を坂の上まで運び上げていたんだよ。はじめから自転車が下にあれば、どんな「悪い子」でもわざわざいったん坂の上まで押して行って再び駆け下りるという無駄なことはしないはずだよね。

罰則を作るのは簡単だ。独裁国家が強制収容所をチラつかせて国民を従わせるのも、小学校で何かがブームになるたびに禁止令が出るのも、目先の秩序《ちつじょ》を守るのにてっとり早いからだ。でも、**罰則ばかりに頼っていては問題の本質を隠してしまう。**

小論文の練習をするときは「罰則を強化する」という解決策はなるべく避けて、「仕組みの改善」を考えよう。「罰則」は試験本番で何も思いつかない場合の最後の手段と考えておいた方がいい。

オキテ40

「罰則」より「仕組み」。

41 パレスチナ問題はだれの責任?

世の中にはこじれにこじれた問題というものがある。こじれた歴史の長さでは「パレスチナ問題」が一番かもしれない。

問題
一九四八年にユダヤ人がイスラエルを建国して以来続くパレスチナ問題。ガザ地区とヨルダン川西岸に追われたパレスチナ人とイスラエルとの間の武力衝突は泥沼化し、和平への兆《きざ》しはいまだに見えない。
中東問題について、あなたの意見を述べなさい。

モヤモヤ答案
そもそも第一次世界大戦中の英国がユダヤ人にもパレスチナ人にも国家独立を約束した二枚舌《にまいじた》外交が原因だ。イスラエルもパレスチナも、お互いを憎み合うのではなく、英国に責任を求めればいい。

パレスチナ問題の歴史

135年	第二次ユダヤ戦争、ローマ帝国によって鎮圧される ユダヤ民族の離散生活がはじまる
1915年	フサイン＝マクマホン協定 （英国がアラブ人国家の独立を支持）
1917年	バルフォア宣言（英国がユダヤ人国家の独立を支持）
1933年	ナチスによるユダヤ人迫害がはじまる
1948年	イスラエル建国、第一次中東戦争勃発 多くのアラブ人が住む家を失う（パレスチナ難民）
1993年	オスロ合意（パレスチナ人の自治を認める和平合意）
1994年	イスラエル、パレスチナの首脳らにノーベル平和賞
2000年	パレスチナ人の民衆蜂起発生、和平交渉決裂
2002年	イスラエル、パレスチナ人地区を囲む分離壁を建設開始
2007年	イスラム原理主義組織ハマスがガザ地区を支配下に置く
2008年	イスラエルがハマスを攻撃、民間人含む1300人が死亡

世界史でこの辺の歴史を習うとこう書きたくなるんだよね。ところが、もう少し詳しく歴史を勉強した人なら、

「そもそもナチスがユダヤ人を虐殺《ぎゃくさつ》したから彼らには独立国が必要になったんだ」

と書くだろう。いや、もっとさかのぼって、

「もとはといえばローマ帝国がユダヤ属州を滅ぼしたからユダヤ人が世界中に離散するはめになったわけで……」

どんどん話が古くなっていくねえ。

でも、英国は自分たちの手に負えなくなってパレスチナを国連に預けてしまったわけだから、いまさら何かできるわけでもない。ナチスは解体したし、ローマ帝国もすでにない。

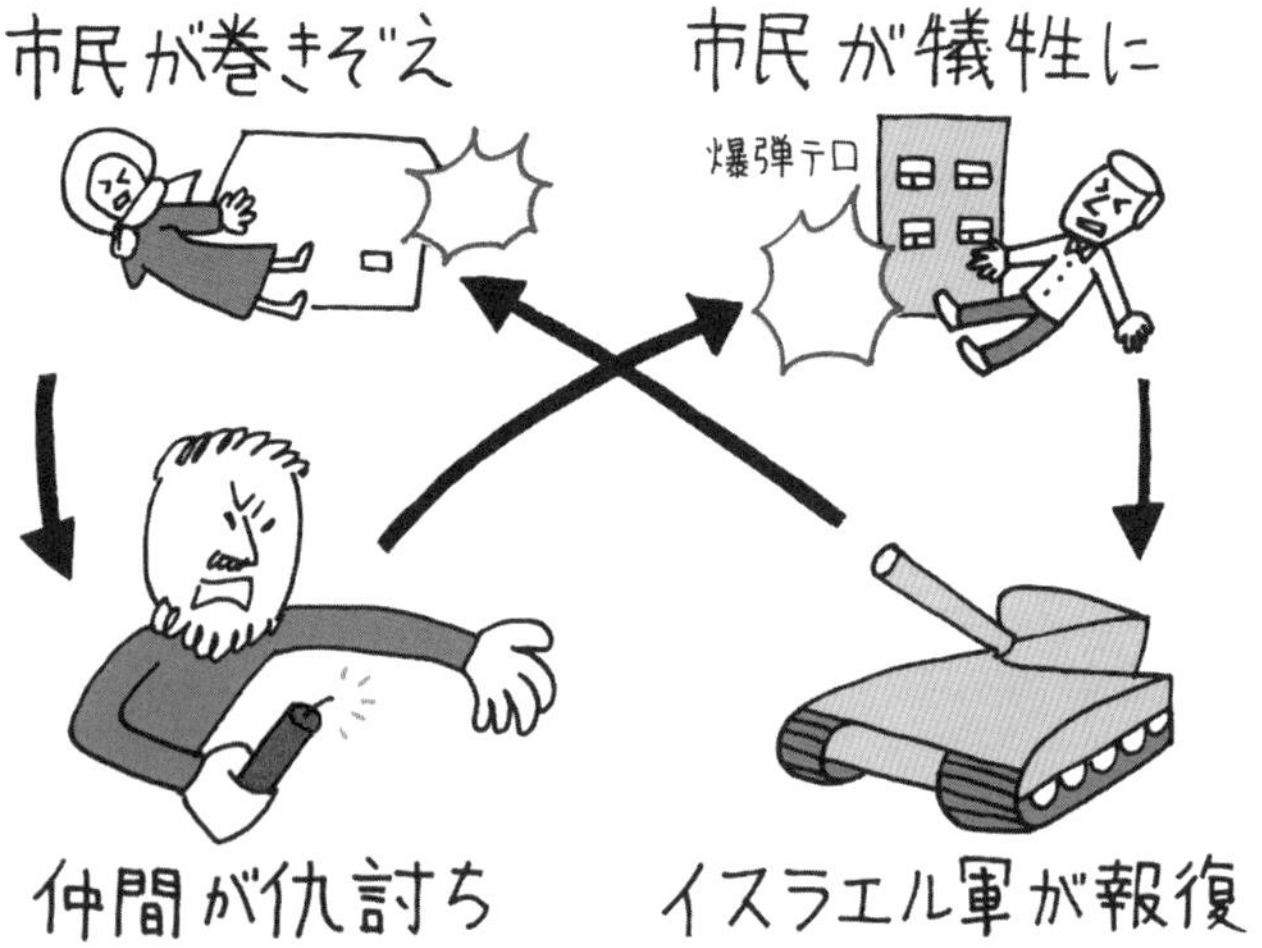

過去にさかのぼって犯人捜しをしても、問題が解決するとは限らないんだよ。

では現在のイスラエル人、パレスチナ人双方はどう考えているのか？

僕は以前、現地の人たちに「二枚舌《にまいじた》外交をした英国の責任じゃないの？」といってみたことがある。すると、イスラエル人にもパレスチナ人にも同じように怒られた。

「そんなの関係ねえ！」

彼らの本音は「父さんが爆弾テロで殺された」「息子が空爆で殺された」、だから奴らは敵だという、現在の事件に対する復《ふく》讐《しゅう》心なんだよ。歴史じゃない。

しかも報復攻撃をするたびに、報復する相手だけではなく無関係の一般市民まで巻き込むから悪循環は止まらない……。

当時（大学院生時代）の僕は、教科書の知識で「正論」を振り回す青二才だった。現地に行かなきゃわからないことがあるというのをはじめて痛感したなあ。

ところで、さっきから使っている**「責任」という言葉には二つの意味がある。**

❶ **だれが原因を作ったのか**

❷ **だれが後始末をするのか**

普通はこの二つは同じであることが多いよね。隣の家の窓ガラスを割ってしまったら、割った人が弁償《べんしょう》するものだ。

ところが、原因を作った人が後始末できないこともある。

たとえば子どもが壊してしまったものが高額だった場合、お小遣いでは足りないので親が代わりに弁償するしかないよね。

パレスチナ問題の場合、英国もナチスドイツもローマ帝国も「原因を作った当事者」ではあるけれど、もはや「後始末をする能力」はないんだよ。後始末は現在のイスラエル人とパレスチナ人自身にかかっているというしかない。

オキテ41

過去に原因を求めても解決しないことがある。

42 「いじめ」は教育でなくせるか？

問題

いじめについて、考えるところを述べなさい。

モヤモヤ答案

いじめをする子は自分でもさまざまなストレスや心の傷を抱えており、いじめられる子の気持ちを感じることができない。これを解決するのが教師の役割だ。生徒の心の闇を解き明かし、人の痛みのわかる人間に育てていかなくてはならない。

本書をここまで読んでくれたみんななら、「心の闇」という言葉に反応しているはずだよね。これは「気分」であって、目に見える「事実」ではない。

事実？　そういえば、「いじめ」における「事実」って何だろう？

「いじめ」という行為があるわけではない。具体的には殴られたり、財布を盗まれたり、教科書を破かれたり、ネットで中傷されたり……。

これらを言いかえると、暴行、傷害、窃盗《せっとう》、器物損壊《きぶつそんかい》、恐喝《きょうかつ》、脅迫《きょうはく》、名誉毀損《めいよきそん》、強制わいせつ……学校の外でやったら警察に捕まることばかりだ。

犯罪被害を学校の先生に相談することがそもそもの間違いだったんだよ。先生には捜査《そうさ》権も司法権もないんだから。

「いじめっ子の教育」と「犯罪被害者の救済」、優先すべきはどっちだ？

スッキリ答案

「いじめ」は教育問題ではなく刑事事件として扱われるべきだ。いじめられている生徒は物的証拠を集めて警察に被害届けを出し、正式な捜査を求めるべきである。

犯罪行為の数々が、「いじめ」と名づけられた途端《とたん》「教育問題」「心の問題」にすり替えられてしまう。かなり悪質なネーミングといわざるをえない。

オキテ42

具体的にすると問題の本質が見えてくる。

43 少子化対策に移民は有効か？

問題

日本の少子化問題について、あなたの意見を述べなさい。

困っている人を助けるのが問題解決。でも世の中の「困っている人」すべてを同時に助けるのは難しいよね。だから**助けるべき優先順位をつける必要がある。**

少子化問題の場合、まず救うべきなのはだれだろう？

モヤモヤ答案

このまま少子化が進むと、労働人口が足りなくなり経済成長ができなくなる。また税収も減ることになる。そこで海外から移民を受け入れ、総人口を維持すべきだ。

この答案が助けようとしているのは、未来の日本人。

でも、二〇年後に労働人口が減って本当に日本人が「困っている」かどうか、じつはわからない。もしかしたら、かえって失業問題が解決して喜んでいるかもしれない。**未来のことは「仮定」でしかない**んだよ。

それより、いま現実に子どもが欲しくても諦めている人、あるいは産んだけど子育てに苦労している人がいるんじゃやないのか?

スッキリ答案

少子化の原因の一つは、子育て環境が整っていないなど、子育てにお金がかかりすぎることだ。そこで保育所を増やし、子育て費用を行政が負担することが必要だ。

もしも現在の子育て環境を改善せずに海外から移民を受け入れたら、彼らが同じように子育てで苦労する、あるいは出産を諦めるだけだ。こう考えると、労働移民というのは問題の先送りであって根本的な解決にはならないんだよね。

オキテ43

困るかもしれない人より、すでに困っている人。

44 木を植えて南極のペンギンを救えるか？

問題
地球温暖化の影響で南極の氷が溶けている。住む場所を失いつつあるペンギンたちを救う方法を考えなさい。

ガッカリ答案
ペンギンを救うために、森に木を植えよう！

植えた苗木が大きくなって、二酸化炭素を吸収して、地球の気温を下げて、めでたく南極の氷が元通りに……って、いったい何十年かかるんだ？

むしろペンギンの引っ越し先を探した方が早い。

木を植えるのは長期的な二酸化炭素増加の「予防」であって、目の前のペンギン問題への「対処」ではないよね。

解決策には「予防」と「対処」がある。

どっちが求められているかは、ケース・バイ・ケース。

前述の「坂道の自転車」問題では、解決策は事故の「予防」だったよね。あの場面で「交差点のそばに救急車を待機させよう」という「対処」を答えてはいけない。

逆に「村に外国人観光客が急増して対応できない」という問題なら、「小学校のうちから英会話を教えよう」という「予防」ではなく「看板や案内表示を多言語化しよう」という「対処」こそ緊急に必要だ。

ちなみに、いつも結論が「小学校のうちから〇〇を教育しよう」になってしまう人、いるよね。「リサイクルが進まない」のも「投票率が低い」のも、「小学校で環境の大切さを教育しよう」「小学校で選挙の大切さを教育しよう」で片づけようとする。

でも小学生を教育したところで、世の中の大人には何の影響も与えない。それに、その子たちが大きくなって世の中を変えてくれるまで、いったい何十年待たなければならないのか？

冒頭の「ペンギン問題」と同じ理屈で、効果はないんだよ。

オキテ44
「予防」と「対処」を区別する。

演習　実際に小論文を書いてみよう！

「ここまで読んで、小論文の考え方がわかった気がします！

なんとなく自分でも書けそうな気分になりました！」

……ん、「気分」？

この章でしつこくいってるけど、「気分」のままじゃいかんよね。

「書けたという事実」を作らなきゃ、この本を読んだ意味がない。

というわけで、これから実際に小論文を書いてもらおう。用意するものは筆記用具と原稿用紙、そしてアイデアを書き殴るためのメモ用紙だ。制限時間は一時間。

お題はこちら。さあ、どうぞ！

問題

死刑制度の是非《ぜひ》について、あなたの意見を三〇〇字以内で述べなさい。

「えー、いきなりマジ無理ぃ！」という人のために、考える手順を教えておこう。

手順1 まず、課題のメッセージを分類する（↓第二章）
⇦
手順2 この課題に合った段落構成を選ぶ（↓第三章）
⇦
手順3 問題解決のルールに照らして、問題の原因と解決策を考える（↓第五章）
⇦
手順4 各段落一行ずつ内容を箇条書きしてみる（↓第三章）
⇦
手順5 三行メモができたら、原稿用紙へゴー！（↓第四章）

段落構成を先に決めてしまうのがコツ。「段落なんて、成り行き」という人も多いけど、形式を先に決めた方がその後の思考にブレや迷いがなくなるんだよ。

解答例と解説は次のページから。自分で書き上げたらページをめくろう。

モヤモヤ答案

私は死刑制度に賛成だ。なぜなら人を殺しておいて、犯人だけが生きているというのはどう考えても不条理であると思う。

△賛成／反対は双方の意見を比べてからの方がいい
×客観的理由を省いている
×「なぜなら」の後は「からである」で結ぶ

家族を殺された遺族の気持ちは私には想像すらできないが、死刑にしなければ遺族の感情はおさまらない。犯人が死んで償うのは当然である。

×感情を議論の根拠にしない
×犯人が死ねば償いになるのか、を考えよう

ただし、死刑制度には問題点もある。たとえ殺人犯とはいえ、国家が人間の命を奪うということが許されるのか、という問題だ。

◎反対の意見も挙げている点はいい
△許されないといいたいのか、疑問を述べただけなのか、はっきりさせよう

いずれにせよ、死刑制度は必要だと思う。しかしもっと根本的なことは、犯罪のない社会が一日も早く実現するよう、国民一人ひとりが命の尊さを心に刻むことであると思います。

×前段落の問題点を無視している
×具体的な解決策とはいえない
×「です・ます」は使わない

手順1　まず、課題のメッセージを分類する（↓第二章）

設問の言葉をよく読もう。単なる「死刑制度について」ではなく「死刑制度の是非《ぜひ》について」となっている。

「是非」とは「よし悪し」という意味だ。つまりこの設問は、死刑制度によい点と悪い点があって、賛成派と反対派に意見が分かれていることを前提としている。

だから**メッセージD　意見対立型**だ。双方の意見を公平にジャッジすることが求められる。ところが右の「モヤモヤ答案」のように先に「賛成だ」と書いてしまうと、つい賛成派の視点だけに偏ってしまうんだよね。

手順2　この課題に合った段落構成を選ぶ（↓第三章）

メッセージが意見対立型の場合、ベストな段落構成はこれだ。

第一段落　死刑制度のメリット（必要性）
第二段落　死刑制度のデメリット（問題点）
第三段落　折り合いのつく解決策

「モヤモヤ答案」は四段落構成になっているね。よく見ると、これは「起承転結」だ。しかも第三段落の「転」が「ただ転がしただけ」になっていて、折り合いのつく解決策に結びついていない。残念。

手順3 **問題解決のルールに照らして、問題の原因と解決策を考える**（↓第五章）

ここからが本題だ。

死刑制度のメリット（必要性）とデメリット（問題点）について、考えられることの中から議論の根拠にすべきものを選んでいこう。

■ 死刑制度のメリット（必要性）

「モヤモヤ答案」によると、死刑の必要性の根拠は「遺族の感情」と「死んで償うべき」の二点だ。

「遺族の感情」を「気分」とよぶのは不謹慎《ふきんしん》だけど、人によって感じ方の異なる主観であることには変わりない。遺族の中には「遺族はずっと悲しみを背負い続ける。だから犯人も一生自分の罪を悔いて苦しみ続けるべきだ」と思う人がいることもありえるからだ。

それに「償い」というのもはっきりしない。

他人の持ち物を壊してしまった器物損壊《きぶつそんかい》ならば、同等のものを弁償《べんしょう》することで償いになる。気持ちのうえで納得してもらうために慰謝料《いしゃりょう》を上乗せする場合もある。

でも、亡くなった人はどうやっても戻ってこないし、犯人が死んだら遺族の気持ちがスッキリ晴れるかというと、そんなわけもない。

ここがほかの犯罪と殺人との一番の違いだ。殺人はどうやっても償いの不可能な、文字通り「取り返しのつかない」ことなんだよ。

必要性を考えるときは、「それがなかったら困ること」を探そう（↓第四章）。

死刑がないとだれかが困るケース、すなわち「だれかの命かお金に関わる」ケースとしては、再犯を犯す可能性の高い凶悪犯が懲役《ちょうえき》刑を終えて出所した場合が考えられる。一般市民の命に関わる問題だね。

■死刑制度のデメリット（問題点）

「モヤモヤ答案」のように「国家が人間の命を奪うことが許されるのか」という哲学的・観念的な問いを立ててしまうと答えが出なくなる。話が大ざっぱすぎるからだ。

この場合も、死刑があるとだれかが困るケース、「犯人以外のだれかの命かお金に関わるケース」を探してみよう。

それは、「本当は犯人じゃないのに死刑になる人」、つまり冤罪《えんざい》で捕まった人だ。

■折り合いのつく解決策とは

死刑存続派は「凶悪犯は二度と社会に出すな」といい、死刑廃止派は「冤罪の場合、取り返しがつかない」という。ならば、裁判に間違いがあっても取り返しがつくように、「死なせないで、社会には二度と出さない」という解決策が考えられるよね。

これで全体の内容はだいたいまとまった。

手順4 各段落一行ずつ内容を箇条書きしてみる（↓第三章）

ここまでの内容を各段落一行ずつにまとめてみると、こうなる。

第一段落　死刑には凶悪犯の再犯を防ぐという意義がある。（メリット）

第二段落　しかし冤罪だった場合に取り返しがつかない。（デメリット）

第三段落　死刑ではなく、終身刑を導入するべきだ。（解決策）

手順5 三行メモができたら、原稿用紙へゴー！（↓第四章）

スッキリ答案

◎必要性＝それがないと困る場合
◎人命に関わるケースを選択
◎死刑の本来の目的を再定義
◎全面賛成ではなく、部分的賛成

死刑制度がなければ、凶悪犯が刑務所を出た後再び罪を犯したり、自分の事件の関係者に報復する危険をなくすことができない。そのため犯罪者を社会から隔離《かくり》する手段として死刑には一定の意義があるといえる。

◎メリットとデメリットを公平に比べている
◎人命に関わるケース

しかし、問題となるのは冤罪《えんざい》の場合である。無実が明らかになったとき、懲役《ちょうえき》刑であれば釈放することができるが、死刑執行された後では取り返しのつかないことになる。

◎双方の折り合いをつける方向性を提示
◎具体策を提案

したがって望ましいのは、犯人を死なせることなく、社会にも出さない形の刑であるといえる。そのためにも死刑に代えて終身刑を導入するべきである。

問題 近年、日本国内において外国人居住者が増加し、日本人住民とのあいだでしばしばトラブルが発生している。これについて、あなたの意見を述べなさい。

今度はこの問題に挑戦してみよう。考える手順は前の問題と同じだよ。

手順1 まず、課題のメッセージを分類する （↓第二章）

たとえば設問の表現が「外国人移民を受け入れるべきかどうか」だったら、賛成する人も反対する人もいるだろう。その場合は「死刑制度の是非」と同じ**メッセージD** **意見対立型**となる。

でもこの設問をよく読むと、問われているのは日本人と外国人との「トラブル」だ。トラブルというのは誰が見ても「困ったこと」であって、賛成／反対に分かれるような話ではないよね。

ということは**メッセージA** **抽象的テーマ**か**メッセージB** **具体的問題の説明**のどちらかになる。

もし設問が「日本語が苦手なために学校で苦労する外国人の子どもが増えている件について」だったら**メッセージB 具体的問題の説明**。

でも、この設問には「日本人と外国人のトラブル」としか書かれていない。具体的に「誰が、いつ、どこで、どう困っているか」という情報は何もないよね。ということは**メッセージA 抽象的テーマ**と考えるのが正解だ。

手順2 この課題に合った段落構成を選ぶ（↓第三章）

メッセージが抽象的テーマの場合、ベストな段落構成はこの通り。

第一段落　（問題提起）　外国人住民とのトラブルの具体例
第二段落　（原因分析）　なぜトラブルが生じるのか
第三段落　（解決策）　トラブルを防ぐ具体的なアイデア

手順3 問題解決のルールに照らして、問題の原因と解決策を考える（↓第五章）

段落構成が決まったら、各段落の中身を考えていこう。

コツは、小論文に「書くべきこと」と「書くほどでもないこと」を分けること。

■ 問題提起：外国人住民とのトラブルの具体例

次のうち、最も「問題だ」といえるものはどれだろう？

❶ 言葉が通じず、お互いの気持ちが伝わらないこと
❷ 「宗教上、豚肉は食べられない」など生活習慣が異なること
❸ 深夜に騒いだり、ゴミ出しのルールを守らなかったりすること

外国人と「言葉が通じない」こと、「気持ちが伝わらない」ことは問題かな？

相手が日本語を知らないからこそ、身振り手振りで伝えるのが面白いとか、お互いカタコトで話しながら言葉を覚えていくのが楽しいという人もいる。

友だちになりたい、恋人になりたいというなら気持ちを伝えることは大事だろうけれど、同じ町内だからといって全員と友だち以上になる必要はないよね。

言葉が通じない、気持ちが伝わらないこと自体が「問題」なのではない。それらの結果、誰かが困ったり被害を被ったりしたら、それが「問題」なのだ。

一方、宗教上「食べてはいけない」とされるものを食べてしまったら、その人にとっては「罪」を犯すことになるので「問題」といえる。

　でもこの程度なら、初めて一緒に食事をするときに「私、豚肉NGなんです」と説明してもらえれば済む話。うっかり知らずに豚まんを買ってきてしまっても、「ごめんなさい」と謝って次から気をつければいい。

　いずれにしても、「知らなかったよ！」と驚くのは一回だけ。小論文に書くほどの「社会問題」とはいえないなあ。

　これらに対して「深夜に騒いだり、ゴミ出しのルールを守らなかったりすること」は近隣の住民にとって「実害」がある。うるさくて眠れなければ健康を害するし、ゴミが放置されてカラスが集まってくると不衛生だし危険だよね。

　しかもこれはちゃんと解決しなければ毎日続く問題だ。住民の平穏な生活を取り戻すためにも、解決する価値のある問題といえる。

■ **原因分析：なぜトラブルが生じるのか**

問題提起として具体的な事例を挙げたら、次はその原因を考えよう。

次のうち、「外国人住民の中に、夜遅く騒いだりゴミ出しのルールを守らなかったりする人がいる」原因はどれだろう？

❶ **ルールを守らない国民性、民族性だから**
❷ **地域への愛着が薄いから**
❸ **ルールが正しく伝わっていないから**

「真面目すぎ（笑）」と評される日本人からすると「ルーズすぎ」に見える国民もいるかも知れない。引っ越してきたばかりの異国の町には「地域への愛着」なんて湧かないかもしれない。

でも、「国民性」や「愛着」という人の心を思い通りに変えるのは難しいよね。変えられないものに原因を求めると、解決策の段落で行き詰まってしまう。

小論文で原因分析するときは、「変えられない原因」はスルーして「変えられる原因」を探そう。

では、「ルールが正しく伝わっていないから」というのはどうだろう?

たとえば「夜は静かにしてください」というルール。

「夜」というのは何時以降のことだろう? 八時? 九時? それとも十二時?

「静かに」というのは、どんな音がダメ? テレビは? 笑い声は? ギターの弾き語りは?

つまり「夜間は静かに」というルールは時間や音の大きさが数値化・明文化されていない、曖昧《あいまい》なかけ声にすぎないということだ。

日本人相手なら「常識の範囲内」で通じるかもしれないけれど、たとえば深夜までパーティーを開くのが普通の国から来た人たちは彼らの「常識」で「これくらいは、まだ大丈夫」と思っているかもしれない。

■ 解決策：トラブルを防ぐ具体的なアイデア

原因が「国民性」や「愛着」などではなく「ルールが数値化・明文化されていないこと」だとしたら、解決策はもう決まったようなものだ。

次のうち、効果的な解決策はどれだろう？

❶ **ルールを守らない外国人は国外退去させる**
❷ **日本の常識、日本の文化を伝えるための講演会や交流会を開く**
❸ **ルールを数値化・明文化して作り直す**

「ルールを守らなければ国外退去」という排除の論理は、あまり賢い解決策ではない。全国の警察がゴミ置き場をパトロールして、ゴミの内容から違反者を特定し、パトカーを出動させて逮捕する……って、費用対効果が悪すぎる。

解決策を考えるとき、「禁止令」と「罰則」は他にアイデアが浮かばないときの最後の手段として保留にしておき、もっと効果的な手を考えよう。

講演会や交流会も、あまり効果の上がらない解決策だね。「日本の常識、日本の文化」に関心の高い外国人しか集まらないだろうし、そもそもそういう人なら近所の日本人ともトラブルなくつきあえているはずだ。
国外退去も講演会も、うまくいかないのは「人を変えようとしている」から。
原因が「ルールの不備」ならば、最初からルールを変えればいいよね。

手順4 **各段落一行ずつ内容を箇条書きしてみる（↓第三章）**

ここまでの内容を各段落一行ずつにまとめてみると、こうなる。

第一段落　夜遅く騒いだり、ゴミ出しのルールを守らない外国人がいる〈問題提起〉
第二段落　ルールが数値化・明文化されていないからだ〈原因分析〉
第三段落　ルールを作り直そう〈解決策〉

手順5 **三行メモができたら、原稿用紙へゴー！（↓第四章）**

ガッカリ答案

外国人と日本人のトラブルといえば文化摩擦だ（×具体的な行為を挙げよう）。欧米人は挨拶をするとき積極的に握手やハグをするが、そんな（×そのような）習慣を持たない日本人は驚いて固まってしまうだろう（×驚くだけでは「実害」といえない）。また日本人は英語が苦手なので、道を聞かれても答えられないことも多い（×これは単に「英語力」の問題であって「文化摩擦」ではない）。

日本人が外国人とうまくつきあえないのは、昔から島国でムラ社会を作ってきた閉（×いまから弥生時代を変えることはできない）鎖的な国民性だから（×国民性も変えられない）だ。その上、英語も文法の勉強ばかりで、外国人に自分の考えを伝えるという経験がほとんどないといっても過言ではない（×オーバーな表現は使わない）。

なので（×したがって）、日本人一人ひとりが相互理解を心がけ（×「心がけよう」で世の中は変わらない）、外国人に心を開くよう努めなくてはならない。たとえば外国文化を紹介する講演会や外国人との交流会（×イベントに来てくれた人にしか効果がない）を開催しコツコツ続けていけば、いつかは変わるだろう（×いま起きているトラブルを解決しよう）。日本人の島国根性も（×倒置法は使わない）。

スッキリ答案

日本に住む外国人が増える中、生活習慣の違いによる住民同士のトラブルがすでに各地で報じられている。たとえばゴミ出しのルールを守らない、夜間に大音量で騒ぐなどの「迷惑行為」である。近隣住民が迷惑を被るだけでなく、こういったトラブルを放置しておくと「外国人が増えると治安が悪化する」といった理屈で、いわゆるヘイトスピーチや暴力行為へとエスカレートする恐れがある。外国人と共生するためには「異文化交流」や「おもてなし」のような抽象論よりも、お互いに迷惑をかけないという最低限の秩序を形成することが先決である。

◎仮定の話ではなく実際の事例を挙げている

◎具体的な行為を挙げている

◎「ほかにも困る人はいないか？」と考えると話が広がる

◎深刻な実害を挙げると説得力が増す

◎抽象論を書く受験生は多いので、ここで差をつける！

外国人と日本人の間で生活習慣上のトラブルが生じる原因の一つに、日本人社会でのルールが「常識」や「暗黙のルール」となっていて明文化・数値化されていないことが挙げられる。たとえば「夜間の大騒ぎは迷惑」といっても、何時以降にどんな音を出してはいけないのかという基準が示されていなければ、それは「ルール」ではな

◎原因分析の段落に全体の三分の一の字数を使う

◎「人の心」ではなく「仕組み」

◎「たとえば」からの具体的な説明を丁寧に書くと字数を増やせる

く「心構え」のようなものとして軽視されやすい。また日本人にとっては当たり前であるゴミの分別も、リサイクルという概念のない国から来た人にとっては「意味のないルール」にすぎず、やはり軽視されがちである。

◎「ゴミ」と「音」、話題が二つ挙げたら両方に言及する

したがって、背景の異なる外国人住民と共生するためには、まず日本人の側が自分たちの「常識」や「暗黙のルール」を明文化・数値化し、外国人にも理解しやすい形ではっきり伝える必要がある。特にルールが定められた理由を理解することは、日本社会の背景や事情を知ることにもなり、外国人にとっても日本人と上手くつきあうヒントとなるはずである。また日本人にとっても、ルールを明文化することによって時代に合わなくなったルールや単に惰性で続けている行事などを見直す機会となり、より暮らしやすい地域づくりに役立つと考えられる。

◎パッと見て、解決策だとわかる接続詞

◎「誰が、何を」を明確にしている

◎お互いに得になる解決策は受け入れられやすい

◎プラスαのメリットを加えると説得力が増す

Q&A

Q 自分で書いた文章が、なんとなく幼稚に見えます。どうすれば大人っぽい文章が書けるようになりますか？

A 文章を子どもっぽくしてしまう意外なワードがある。それは「私は」「思う」「だ」の三つ。

この三つのワードを多用するほど文章はカジュアルな印象になり、この三つを避けるとフォーマルな大人の文章という印象になる。

【私は】

小学校の作文は「ぼくは／わたしは」で始まっていたよね。「私は」というのは子どもの書き出しの典型だ。「私は」で書き始めた時点で、その文章は「私の主観」をアピールしていることになる。主語に「私は」を使うのをやめ、代わりに「物事」を主語にしてみよう。

「私はオムライスが好きだ」

→「オムライスは人気メニューである」

「私は○○が得意です」→「私の特技は○○です」

【～と思う】

主語を「私は」ではなく「物事」にしたとしても、文末を「と思う」にしてしまっては主観の文に逆戻り。「思う」の主語は「（省略されている）私」だからだ。

文末は「～である」と断定しよう。

もし未来の予想など断定しにくい話なら、物事を主語にして「～と考えられる」「～と予想される」と受け身形にするといい。

「晴れると思う」→「晴れると予想される」

【～だ、～なのだ】

小論文は「です、ます」ではなく「だ、である」で書くように、とよく教えられる。

でも、「だ」と「である」の用法に大きな違いがあることはあまり知られていないね。

「だ」は主観を表す文末表現。

「である」は客観を表す文末表現。

「○○だ。△△だ。□□なのだ」と「だ」が続くと、学生が自己主張しているようで暑苦しいよね。

「～である／～いる／～する／～なる」。客観的表現は「だ」ではなく「る」で終わる、と覚えよう。

第六章

志望理由書のオキテ

推薦・AO入試で最初に審査されるのが志望理由書。締め切り前日に慌てて書いても二次選考の面接までは進めないぞ。じっくり自分と向き合って過去と未来を言葉で表現しよう。

45 志望理由に書いていいこと、悪いこと

問題 あなたが文学部心理学科を志望する理由を述べなさい。

「志望理由が書けませ～ん（泣）」という生徒の話をよくよく聞くと、「ぶっちゃけ推《すい》薦《せん》の枠をもらえただけで、特にやりたい学部じゃないんです」という本音が出てくる。志望してないいんじゃ志望理由も書きようがないね。

それでもいい。「推薦枠もらえちゃった」組の人は枠をもらえた学部に合わせて志望理由を考えよう。ただし、次のようにぶっちゃけすぎてはいけないよ。

ガッカリ答案

私が心理学科を志望するのは、お母さんにすすめられたからだ。本当は法学部にいきたかったのだが、成績が足りないといわれた。また先輩からもサークル活動やアル

バイトの楽しさを聞いた。緑豊かなキャンパスと自由な校風も私にピッタリだと思う。

　これでは入学早々、授業そっちのけでサークルとバイトに励む遊び人になると宣言しているようなもの。一番初めに落とされるタイプだ。少なくとも「自分の意思」の「第一志望」であり、「学業に励む」という建前《たてまえ》を崩しちゃいけない。

　それに「緑豊かなキャンパスと自由な校風」は大学のパンフレットに書いてあったことを写したんだろうけど、これって学業に関係ないよね。大学の特徴に触れるなら、特別なカリキュラムや研究設備が自分にとってどう魅力的なのかを書こう。

未来のビジョン　過去の体験

モヤモヤ答案

中学生のころ、テレビで人間の心やオーラについての話を見た。ちょうどいじめに遭《あ》って悩んでいた私はその番組ですごく救われた。これが私が心理学に興味をもった理由である。

志望理由に「過去の体験」を書く人は多いよね。特に子ども時代に辛い体験をした人や大きなことを成し遂げた人は熱く書きたくなってしまうもの。

でも正直なところ、過去の思い出話だけでは評価にはほとんどつながらない。その学生がこれから四年間熱心に勉強してくれるかどうかはまた別の話だからね。

志望理由には必ず次の三点を盛り込もう。

❶ 将来就きたい職業
❷ その分野についての問題意識
❸ 大学に入ってから学びたいこと

スッキリ答案

私は将来スクールカウンセラーになりたい。現在、いじめや児童虐待《ぎゃくたい》などで心に傷を負う子どもたちが増えているからである。大学入学後は、特に家族関係が子どもの心理に与える影響について研究したい。

人は未来のビジョンを語ることで「期待」される。さらに現在の問題意識を具体的に語ることで「信用」される。一枚の紙切れで見ず知らずの大学教授から期待と信用を勝ち取るのが志望理由書だ。

オキテ45

過去の思い出より将来のビジョン。

46 学部選びは職業選び

「将来就きたい職業を決めろ」って、高校生には難しいんだよね。

そもそも世の中にどんな職業があるのかなんて、高校生が知る機会はほとんどない。自分の親と学校の先生くらいしか大人を見たことないのに、その狭い選択肢の中から選べといわれても、困るよね。

だから**推薦《すいせん》・AO入試では大学選びと同じくらい、職業選びも重要**なんだよ。

■ すでに学部・学科が決まっている場合

「たまたま推薦の枠をもらってしまった」という人の場合、まずはその学部・学科の卒業生がどんな職業に就いているかを調べよう。大学のパンフレットやWEBサイトに企業名まで公表されている。

もちろんそこに書いてある卒業生の進路だけが選択肢というわけではないよ。あくまでもヒントだ。卒業生はまだ就いていないけどその専攻分野と関連する職業というのはたくさんあるもの。ここから先は自分で自由に調べよう。

■ これから学部・学科を決める場合

「楽に合格できるなら何学部でもいい」という人もいるけど、大学生活をエンジョイするためにも、まったく興味のない学科や苦手な分野はおすすめしない。できれば好きな分野、得意な分野で学科と職業を考えたいよね。

そのために便利なのが、学校の進路課や就職課の資料だ。就職組の生徒は早い時期から職業選びの指導を受けていたりするからね。

また、書店に行ったらマンガや参考書だけじゃなく就職関連本の棚も覗《のぞ》いてみよう。『公認会計士になるには』といった類の本がズラーッと並んでいる。

職業の目星がついたら、具体的にどんな仕事なのか、どんなルートでその仕事に就けるのか、どんな知識や資格が必要なのかを掘り下げて調べよう。

オキテ46

自分から一歩踏み出して情報を取りに行け。

47 少年よ大志を抱け……ところで「大志」って何だ？

ガッカリ答案
私は将来公務員になりたい。民間企業と比べて安定しているからだ。

ガッカリ答案
私は将来ＩＴ社長になりたい。これからの時代、勝ち組になることこそ人生だ。

安定か冒険かという話ではなく、この二つの答案は同じ理由でガッカリだ。どちらも「自分の利益」しか考えていないよね。そんなものは「志」とよばない。「志」とは何か。それは自分の仕事を通して「世のため、人のために貢献《こうけん》したい」という目標のことだ。

志望理由にはぜひこの「社会貢献」の視点を入れよう。

とはいってもボランティア活動をやれということではないよ。どんな商売も、必ずだれかの役に立つからお金がもらえるもの。**社会貢献の視点を探すというのは**、**その**

仕事が「だれの役に立っているのか」に思いをめぐらせることなんだよ。

スッキリ答案
私は将来地方公務員になって、地元の人々の福祉を充実させるために働きたい。

スッキリ答案
私は将来IT企業を立ち上げ、発展途上国の情報格差を解消することに貢献したい。

推薦《すいせん》・AO入試では多くの場合、学科試験が免除されているよね。それは多少「学力」が足りなかったとしても、「志」のある若者なら応援したいという大学の意思表示なんだよ。

大学教授に応援してもらえるような「志」を語ろう。

オキテ47

「社会貢献」の視点をもとう。

48 オープンキャンパスで志望理由のヒントを探そう

夏から秋にかけて、大学を高校生に開放して授業の内容や研究施設を紹介するイベントがオープンキャンパス。

志望理由に書くことが見つからない人は、ぜひオープンキャンパスに行ってみよう。進路を考えるヒントがたくさんあるはずだ。

ガッカリ答案

オープンキャンパスでは先輩方がとても優しく、屋台やステージの出し物も楽しそうだった。ここでなら楽しい四年間を過ごせそうな気がした。

たしかに大学によってはオープンキャンパスと学園祭を兼ねていることもあるけど、年に一回のお祭りムードで大学を決めてはいけない。

オープンキャンパスでは体験授業や講演会に必ず出席しよう。各学部で開催しているので、あらかじめ興味のあるテーマの時間割を調べておくといいね。

モヤモヤ答案

大学の人の栄養学についての話がとても面白かった。聞いていて飽きることもなく、一時間があっという間だった。栄養学をもっと深く学んでみたいと思った。

「面白かった」「飽きなかった」というのはその場でのリアクションにすぎない。この程度ならウソでも書ける。その場にいなかった人でも書ける。本当はつまらないと思っていた人でも書ける。

せっかく大学まで足を運んだんだから、自分にしか書けないことを書こうぜ。

オープンキャンパスを志望理由に取り入れるときのポイントは次の三つ。

教授の著書をチェックしよう

教授に質問しよう

❶ **教授のフルネーム**

これから自分の師匠《ししょう》になる人だ。フルネームくらい覚えておこう。名前を覚えられるのはだれしもうれしいこと。大学教授の自尊心をくすぐろう。

❷ **講演内容の引用**

パンフレットに書いてあるような講演のタイトルではなく、その場で話された言葉をメモしておこう。ちゃんと聞いていたというアピールになる。

❸ **オープンキャンパス以降の自分の変化**

本当に面白い話だったら、それに影響を受けた自分は考え方や行動が変わっているはずだ。大学教授に限らず、人にものを教える仕事をしている人にとって、自分の言葉で相手が変化してくれることほどうれしいことはない。

スッキリ答案

大盛飯二郎先生が話してくださった、朝食のメニューと脳の活動時間の関係に関する研究に興味をもった。そこで先生の著書『子どもと栄養』を読み、わが家の朝食のメニューを改善したところ、学校でも集中力が続くようになった。大学入学後は生活習慣と人間の能力との関係についてもっと深く学んでみたい。

大学教授は大抵何冊か本を出版している。アマゾンのサイトで教授の名前を検索《けんさく》すると、難しい専門書から易しい一般書まで見つかるはずだ。

オキテ48

オープンキャンパスの「後日談」を書こう。

49 自己PRは過去形で

問題 あなた自身の性格について述べなさい。

自己PRというのは、日本人が苦手なものの一つ。謙虚《けんきょ》や謙遜《けんそん》が美徳とされる文化の中で育ってきたのに、推薦《すいせん》入試の時期になると急に欧米風に自己主張しろといわれる。

すると、多くの高校生はこういう自己PRをしてしまうんだよなあ。

ガッカリ答案

私は負けず嫌いで、何事にも積極的に取り組み、多少の困難には負けない忍耐力をもっている。また困っている人がいると放っておけず、自分のことを犠牲にしても何とかしようとしてしまう。

君はマザー・テレサか？

いや、もしかしたら本当にここに書かれているようなすばらしい人格者なのかもしれない。でも、大学教授がこれを読んでそのまま信じてくれると思ったら大間違い。

「負けず嫌い」「積極的」「忍耐力」「優しい」……これらは抽象語だ。目に見えない性質をいくら並べられても、本当かどうかはわからないんだよ。

本当に「何事にも積極的」な人なら、「文化祭の企画のために地元企業の社長に直接交渉しに行った」などの具体的なエピソードがあるはず。

「困っている人を放っておけない」人なら、「県大会に行く途中、倒れているおばあさんを助けて試合を棒に振った」などの武勇伝があるはずだ。

事実は、過去形で書かれる。

「〜である」「〜する」といった現在形の表現しか出てこないとき、それは「本当の自分」ではなく「そう見られたい」という願望にすぎないんだよ。

では本当の自分はどうやって探すのか。用意するのはノート一冊。自習用のノートの途中のページでも構わない。

ページを開いて、左のページに「いままで人に誉められたこと」、右のページに「いままで人に叱られたこと」を思いつく限り書き出してみる。順不同でいい。

誉められたこと
幼稚園のお遊戯がうまかった
お弁当を残さず食べた
母の日に似顔絵をあげたら泣かれた
絵画コンクールで金賞をもらった
電車で席を譲ったらありがとうといわれた
黒板を掃除したら先生が喜んでくれた
野球の応援で横断幕を作ったらクラスのみんなに驚かれた
クラス対抗仮装大会の衣装係をやったらダイスケ君にうまいねといわれた
宿題をちゃんと出したら先生に「珍しいな」と誉められた
ケンタ君にあげるチョコの包装にこだわったら「味はともかく包みがすごい」といわれた

叱られたこと
幼稚園に行きたくないとグズった
宿題のプリントをどこかになくした
遠足のとき、一人だけ服装が浮いていた
小学校に行きたくないとグズった
休み時間に教壇の上で踊った
お使いのおつりで勝手にお菓子を買った
組み体操が嫌で運動会当日さぼった
中学校に行きたくないとグズった
英語が25点だった
通信簿を勝手に焼却処分した
金髪にしたら頭髪検査で引っかかった
私服の高校にいきたくて親と喧嘩になった
バンドのメンバーに音痴といわれた
数学が18点だった

そのとき必ず「○○をしたら△△さんに誉められた」のように**過去形で事実のみを書くこと**。すると、小さいころから同じことで誉められたり、同じことで叱られたりしているという傾向が見えてくる。しかも自分で考えていた長所・短所とはずいぶん違っていたりする。

スッキリ答案

私は放送委員会に所属している。学校ＰＲ用の映像作品を作ったとき先生方からは表現が奇抜《きばつ》すぎると批判を受けたが、自分の表現を貫《つらぬ》いた結果、その作品は県の作品展で特別賞を受賞した。一度決めたら軸がぶれないところが私の長所である。

この作業のポイントは誉められたことも叱られたことも、どちらも他人による評価だということ。だから自分の頭の中だけでは気づかない「本当の自分」が見えてくるんだよ。

オキテ㊾

事実を過去形で書き並べてみよう。

50 ショボイ実績の部活をどう書くか

問題 高校時代に力を入れてきたことを説明しなさい。

全国優勝レベルの華々しい活躍をしていれば、その実績だけで合格できる。でも、この本を手にしている君はたぶん「誇れるほどの実績がないんです（泣）」という普通の高校生だよね。どうする？

モヤモヤ答案

私は三年間野球部に所属していた。私の学校の地区は甲子園常連校がいくつもある激戦区であるが、その地区大会でなんとベスト一六に輝いたのである。これは我が校ではじめての素晴らしい快挙である。

うーん、しょっぱいね。「なんと」「輝いた」「快挙」というレトリックでむりやり飾り立てようとしているところが痛々しい。甲子園優勝じゃないんだから。
こういうときは実績ではなく、活動の中で学んだことを書こう。
勝てなかったチームが初の一勝を遂げるまでには何らかの工夫があったはず。その過程でチーム内に起こった変化や自分自身が学んだこともあるはずだ。

スッキリ答案

私たちの野球部は常に初戦敗退という弱小チームであったため、自分たちで実績のあるコーチを探し、指導をお願いしに行く必要があった。その過程で実務的な交渉や社会人としての振るまいなど、野球以上に多くのことを学ぶことができた。

学んだこととはいっても「仲間の大切さ」や「努力は裏切らない」のような抽象的なことではなく、具体的に目に見えることがあるといいね。

オキテ50

どん底からはい上がる過程で学んだことを書こう。

Q 志望理由が書けなくて、結局ほとんど担任の先生に書いてもらっちゃいました（笑）。これって大丈夫ですか？

A 学校や塾の先生に書いてもらった文章はうますぎるので採点者も気になる。そこで、面接で試されるわけだ。

志望理由の内容について具体的なことを質問されても答えられなかったり、文章の言葉遣いが大人っぽいのに本人の話し方が幼稚だったりすると、自分で書いていないことがバレバレだ。

毎年何百枚もの志望理由を読んでいるプロの目はごまかせないと思った方がいい。

アドバイスやヒントをもらうのはいいけれど、よくかみ砕いて消化したうえで、自分の言葉になったものを書こう。

Q 活動報告書で、ウソのエピソードはどこまで許されますか？

A ウソを書いてはいけないのは公式記録や客観的事実。たとえば四位だった部活の実績を「一位」とか、やってもいないのに「生徒会長」なんて書いてはいけない。これらは高校側の公式な書類にも書かれているのですぐバレる。

でも仲間とのエピソードや活動から学んだことは多少アレンジしてもOK。書く段になってから考えたことでも「活動を通して学んだこと」には変わりない。

でも一番いいのは、後で自信をもって書けるようなドラマティックな活動を実際にやること。これを意識するだけで三年生の夏はずいぶん濃いものになるはずだ。

第七章

さあ、過去問に挑もう！

英語や数学も勉強しながら小論文の対策をするには要領のよさが必要。過去問の入手ルートから添削《てんさく》指導の受け方まで、限られた時間で実力アップするノウハウを紹介しよう。

51 まず過去問をゲットしよう！

■ 出題傾向は早めにチェック

志望校が決まったら、早いうちに過去問を手に入れよう。

「短文テーマ型の練習ばかりしていたのに、本番ではグラフや表の資料型が出た（泣）」なんてことにならないように、**過去三年分の出題傾向には目を通しておくべき**だ。

最近では大学がネットや冊子で過去問を公表するケースが増えているね。そのほかにも各出版社から過去問集が出ているし、ネットで過去問のデータベースを公開している予備校もある。これで一般入試の問題は大部分が手に入るはずだ。

■ 公開されていない過去問はどう探す？

入手しにくいのが一部の推薦《すいせん》入試、ＡＯ入試の過去問。大学によっては問題を一般公開していない場合がある。そんなときは、〝裏ルート〟に頼るしかない。

ためしに学校や通っている塾、予備校に相談してみよう。過去にその大学を受験した生徒がいれば、その生徒が持ち帰った問題のコピーが残っているかもしれない。

進路指導室にファイルとして存在していなくても、当時の担任の先生が個人的に持っていることもある。

この場合、ついでに面接の質問内容などの情報も残っていたりする。念のために聞いてみるといいね。

■課題文が空白の過去問が増えている

最近増えているのが、著作権《ちょさくけん》の都合で課題文が公開されていないケース。過去問集でも設問は載っているのに課題文の部分だけ空白になっていたりする。

でも、こんなときでも打開策はあるんだよ。その課題文の出典（書名、著者名、出版社名）は書いてあるはずだから、その本を探してみればいい。設問を読めばその本のどの部分か見当がつくことも多い。

オキテ51

〝裏ルート〟もフルに使って入手しよう。

52 小論文模試はこう受ける

短文テーマ型と志望学部別問題

小論文の模試では英数国以上に大コケすることがある。「たまたま全然知らない話題が出た」、あるいは「たまたま課題文を読み間違えた」というケースだ。

でも年に数回しかない模試で「たまたま」の失敗が自分の「実力」としてデータに残るのは不本意だよね。

それを回避する手が、ダブル受験。

多くの小論文模試では志望学部に合わせて課題を選択できるようになっている。また模試によっては複数の問題を受験できる。

これを利用して、全学部共通の「短文テーマ型」と志望学部別の「課題文型」を両方受験しよう。短文テーマ型なら、「知らない」とか「読み間違い」とかの危険はほとんどない。いまの実力だけで勝負できるので、保険になる。

家に帰ってからもう一度

「うわー、テスト死んだーッ！」

日本語が変だぞ。テストは死なないから（笑）。

模試も慣れないうちは実力を出しにくいもの。緊張して頭が真っ白になったり、時間配分を誤って最後まで書けなかったりするよね。

そこで、家に帰ってからもう一度、時間無制限で書いてみよう。

もし家で書いてもやっぱりダメなら、それは実力不足。

でも、もし家で書いた方がいい出来だったら、本当は実力があるのに発揮《はっき》できていなかっただけということだ。この場合、さらに知識を詰め込んだりするのはズレてるよね。むしろメンタルの訓練や時間配分の練習をするべきだ。

緊張しすぎて失敗するタイプの人は、**家でいい答案が書けたときの感覚を覚えておこう**。家で書けたものは、試験会場でもきっと書ける。自信の裏づけは小さな「成功体験」だ。

オキテ52　いまの実力をＭＡＸに出す工夫を。

53 時間配分に気をつけて

テストの時間配分は「三分の一ルール」

間違いなく失敗するのが、最初からいきなり書きはじめる人。

「試験開始！」といわれると、教室中にカカカカカカ……と鉛筆の音が雨のように鳴り響くので「うわっ、みんなすごい勢いで書いてる！」と焦《あせ》るんだよね。

でも落ち着け。みんな名前を書いているだけだ（笑）。

その証拠にすぐ教室は静かになる。

小論文の時間配分は「三分の一ルール」が理想。

たとえば制限時間六〇分のテストなら、

二〇分　課題文を読む

二〇分　切り口と段落構成を考える

二〇分　原稿用紙に書く

「えーっ、書くのにたった二〇分?!」と驚くかもしれないけど、各段落の内容がはっきり決まっていれば二〇分で六〇〇字くらいは余裕で書けるもの。書くのに時間がかかるのは途中で考え込んで手が止まるからだ。

もちろん八〇〇字や一〇〇〇字の場合はそれなりの試験時間が設定されているはず。

■家で練習するときの時間配分

過去問の練習をするとき、本やネットで調べながら徹夜で書く人がいるけど、このような「調べ書き」をいくら練習しても実力はつかない。本番では手持ちの知識で勝負しなきゃいけないからね。

家で練習するときは、一問につき二〜三

時間かけて構わない。

ただし、その「時間をかける」というのはネットで調べながらという意味ではないよ。課題文を読んで切り口と段落構成を考えることに十分な時間を使ってくれ。

切り口がどうしても見つからないときは本書の第二章と第五章をもう一度読もう。それでもダメなら、二、三日寝かせておくという手もある。アイデアを出す作業ってそういうものだ。

第一稿（一回目の答案）を書いてみると、課題文の不明な点とか自分に足りない知識が見えてくるはず。調べ物をはじめるのはここからだ。

■書くのが遅いのは消しゴムが原因

一時間経っても三行しか書けない人って、いるよねえ。でもそんな人に限って机の上には山のような消しゴムのカスが残っていたりする。

これは書くのが遅いからじゃない。書いたり消したりを何十回もくり返しているからだ。よく考えずに書きはじめ、書くと後悔してすぐ消してしまう。

迷いの多い人だね。

こういう症状の人にピッタリの練習法がある。

それは、**家で練習するときにボールペンで書くこと。**

そもそも消しゴムで消せると思っているから、考えずに書き出してしまう。考えが鈍るんだよ。ところがボールペンならさすがに言葉を選ぶようになるよね。それに消せないから前に進むしかなくなる。

騙《だま》されたと思って試してみよう。

スピードがつくだけじゃなく、アイデアも鋭くなるから。

オキテ53　考える時間をしっかり取ると、書くスピードが上がる。

54 上達の決め手は原稿用紙のファイリング

学校のプリントはサイズがバラバラ

小論文の勉強をはじめると、原稿用紙や過去問のコピーなどの紙類が増えてカバンや机の中がグシャグシャになってくるんだよねえ。

こうなると、目当てのプリントを探すのに時間がかかったり、結局見つからなかったりと能率が悪すぎる。そのうち面倒くさくなって勉強自体がいやになる……。

この状況を「問題解決」してみよう。

原因は、学校で配られるプリントのサイズがバラバラなことだ。

B5、A4、B4と三種類のサイズの紙が適当に使われているのが日本の学校の不思議なところ。おかげでB5がA4に隠れて見つからなかったり、B4を二つ折りにして中身が見えなくなったり……。

グシャグシャなのは「だらしない」という心がけの問題ではなく、「紙のサイズ」という仕組みの問題だったんだよ。

ファイリングの基本は、用紙のサイズを統一すること。

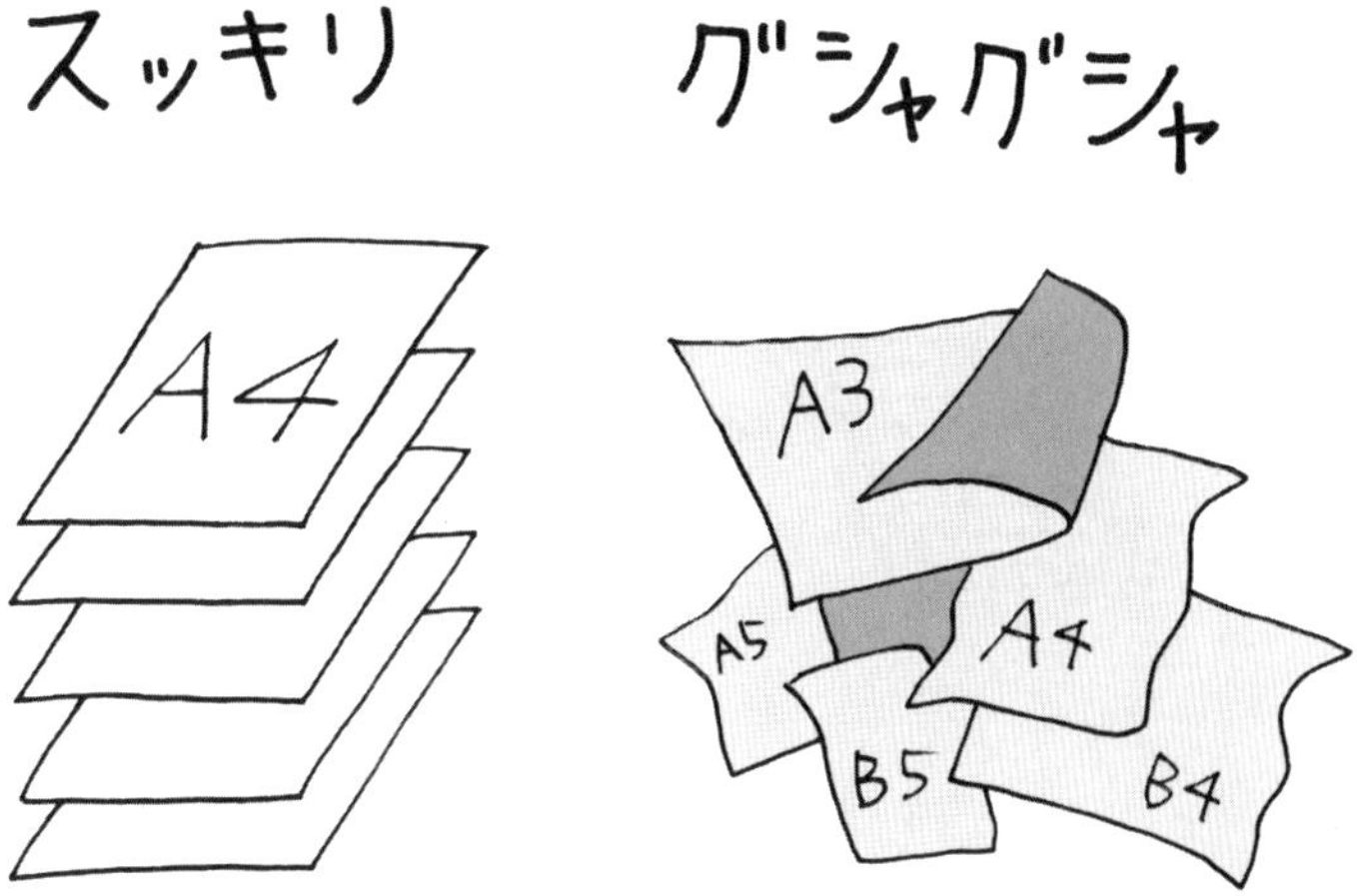

原稿用紙はＡ４の四〇〇字詰めを自分で買う。大学の資料や過去問はＡ４が主流。赤本も開いてコピーすればＡ４だ。もしＢ５やＢ４のプリントをもらってしまったら、Ａ４に拡大／縮小コピーすればいい。

サイズを揃えたら、問題のプリント、添《てん》削《さく》された答案第一稿、書き直しの第二稿、メモ用紙（当然これもＡ４）などをまとめてＡ４のクリアファイルに入れる。

これでスッキリ。サイズが揃ってるって、気持ちいい！

このとき、一問分を一件として一枚のクリアファイルに入れること。ケチって二、三問分を一つのクリアファイルに入れると、結局どこに何をはさんだかわからなくなってしまう。

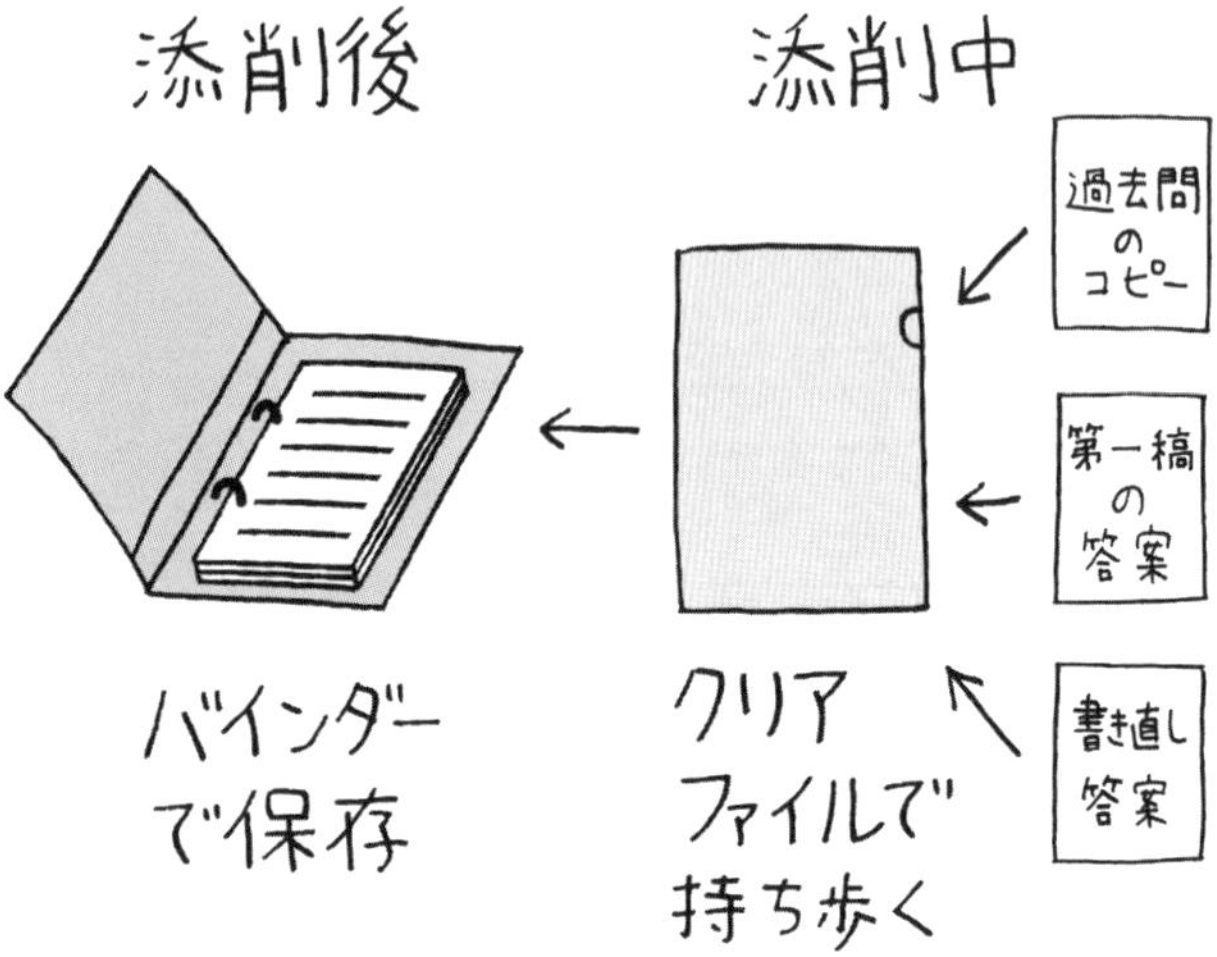

■持ち歩き用と保存用にファイルを分ける

先生の添削《てんさく》を受けて書き直しているファイルは「現在進行中」として持ち歩こう。最初に書いた第一稿から合格点をもらうまで、すべての答案をまとめておく。そうすればこれまでのアドバイスを振り返りながら書き直すことができるよね。

そして先生から合格点をもらったら、保存用のバインダーに移す。

バインダーはレバー式でもいいけど、これから資料が増えることを考えたら二穴式が便利だ（自分で穴を開けなきゃいけないけど）。

■資料も全部A4でファイル

この保存用バインダーには原稿用紙しか

はさんじゃいけないという決まりはない。せっかくだから、小論文に関係する資料は全部このバインダーで一元管理しよう。

知識を増やすために本のコピーを取るときは本のサイズに関係なくＡ４にコピーする。新聞の切り抜きはＡ４の紙に貼りつけただけでもいい。

模試の答案や成績表はサイズがバラバラになるけど、臨機応変《りんきおうへん》に工夫しよう。

こうして、何でもかんでもＡ４バインダーに放り込んでいくと、自分だけの小論文データベースができ上がる。

「あれ、前に調べたことがあったよな」と思ったときも、「あのとき先生に何てコメントされたっけ？」というときも、このバインダーを開けば一発で目当ての資料が出てくる。

ファイリングのメリットは、必要なものがサッと取り出せることだ。

オキテ54

答案も資料も、すべてＡ４バインダーで一元管理。

55 先生に添削《てんさく》をお願いするコツ

忙しい先生とのつきあい方

「先生！　過去問やったんで見てください！　早く早く！」

なんて、先生を急《せ》かしてはいけないよ。

学校の先生は君たちが思っている以上に忙しい。特に二学期になると推薦《すいせん》の書類作成やら面接の練習やら補習授業やら、たくさんの仕事を抱え込んでいる。

そこに長〜い資料の難問をもってきて今すぐ読んでくれといわれたら、イラッとするよね。先生も人間だもの。

先生に添削をお願いするときは、「いつだったら見ていただけますか？」といってアポイントを取ろう。それが大人のつきあい方ってもんだ。

先生にお願いして課題を出してもらうのもいい。いきなり見せられた問題より、知ってる問題の方が先生だって指導しやすいからね。

■ **国語の先生だけとは限らない**

「小論文＝国語」というイメージがあるので国語の先生に聞きに行く人も多いだろうけど、テーマによっては社会や理科の先生の方が詳しい場合もあるんだよ。先生によっては普段教えている科目のほかに面白い「裏の専門分野」をもつ人もいる。

だれに相談していいかわからないときは、顔の広そうな先生に「この問題ならだれに相談すればいいですか？」と聞いてみるといいね。

■ **後日返却よりその場でツッコミ**

「『意味不明』と書かれたコメントが意味不明なんですけど？」

赤ペンを入れられた答案を後日返却してもらう方式では、どうしても意思の疎通《そつう》にズレが生じやすい。

添削はその場で間違いを指摘してもらうのが一番だ。対話をすればお互いの意図を確認しながらアドバイスをもらえる。わからないこともその場で聞こう。

オキテ55

いいアドバイスは対話で引き出せ。

あとがき

本書に最後までつきあってくれて、ありがとう。

何となく書けそうな気になった人、面倒で途中を読み飛ばした人、「やること多すぎ！」と途方に暮れた人、さまざまかもしれないね（笑）。

でも、それでいいんだよ。

本書には正しい日本語の書き方から問題解決の思考法まで、幅広い内容が盛り込まれている。従来の小論文の参考書の守備範囲をはるかに超えている。

だから全部を一気にマスターしようとは思わなくていい。

問題解決が難しすぎると思ったら、まずは「説明の日本語」を磨くことに専念すればいい。課題文の「オキテ」が複雑すぎるなら、とりあえず志望理由を書きはじめてもいい。

いまの自分にできることからはじめよう。

一九〇三年、ライト兄弟が世界初の飛行機「ライトフライヤー号」を発明したことはよく知られているよね。

でも、ライト兄弟が以前からグライダー（動力がなく滑空するだけの乗り物）で操縦《そうじゅう》の練習に励んでいたことはあまり知られていない。つまり彼らはまだエンジンつきの飛行機が実現可能かどうかもわからないうちから、「いまできる準備」をはじめていたことになるんだよ。

エンジンつき飛行機の開発は後から追いついた。そしてその性能を証明できたのは先にグライダーで身につけていた操縦技術があったからにほかならない。

小論文の勉強も同じ。先に正しい「説明の日本語」を身につけて、後から問題解決マインドが追いついたら鬼に金棒だし、その逆でもいい。順番に決まりはない。

上達するにつれて変わっていく「いま君に必要な準備」のために、本書では五五の「オキテ」を用意した。困ったときには、この本のどこかにヒントがあるはずだ。

本書をフルに使い倒して、君が「行ける大学」ではなく「行きたい大学」に合格してくれたら、参考書の著者としてこれ以上の喜びはない。ぶっちぎりの合格答案を書いて、夢を叶《かな》えよう！

鈴木　鋭智

謝辞

本書執筆の機会を与えてくださった株式会社KADOKAWA（当時・中経出版）の原賢太郎さん、率直な助言で企画の奥行きを広げてくださった同社の荒上和人さん、丁寧な編集作業で雑な原稿を生まれ変わらせてくださった株式会社オルタナプロの八川奈未さん、いろんな意味で中経の参考書らしくないビジュアルに仕上げてくださった株式会社ぽるかの村山宇希さんとおかっぱ製作所の高橋明香さん、小論文指導をサポートしてくださった代々木ゼミナールのスタッフのみなさん、訪問のたびに熱く意見交換させていただいた高校・大学の先生方、そして、解答例の元ネタとなった珍答奇答の数々を提供してくれた代ゼミおよび全国の高校の生徒諸君（笑）、みなさんのおかげでこの本を世に送り出すことができました。本当にありがとうございます。

改訂版によせて

二〇一一年に本書が発売されて以来、約一〇万人の受験生や教育関係者のみなさんに支持されるロングセラーとなりました。本当にありがとうございます。

「この本のおかげで合格しました！」という受験生、「うちの高校から初めて医学部に！」という先生、「就職できました！」という大学生、「東大の大学院に入れました！」という社会人、「原稿の執筆に活用しています！」というプロのライターや著者の方々…当初の想定を超える幅広い層から嬉しいメッセージをいただいています。

本書の内容が「大学入試」という枠を超えて、社会のあらゆる場面でも通用する汎用メソッドであることを、読者のみなさんに証明していただきました。

さらに現在、本書を元にしたカリキュラムはCSS公務員セミナーにおいて公務員試験の論文対策に使われているほか、大手企業の社員教育でもロジカルシンキング、ロジカルライティングのメソッドとして採用されています。

しかし、さすがに発行から九年も経つと国際情勢や国内の経済状況、入試事情などが変化してきました。いまの高校生にはピンとこない小ネタも。そこでこのたび改訂版として時事的な内容を一部アップデートすることになりました。

また第五章では演習問題を一つ増やしています。旧版では「死刑制度の是非」という「賛成意見と反対意見の折り合いをつける」タイプの問題だけでしたが、新たに「自分で問題点と原因を発見する」タイプの問題を追加。出題頻度の高い二大スタイルをバランスよく体験できるようにしました。

でも、本書のコアな部分は旧版から変わりません。

今後も引き続きご愛読いただきますよう、お願い申し上げます。

二〇二〇年三月吉日　鈴木鋭智

鈴木　鋭智（すずき　えいち）

合同会社ロジカルライティング研究室 代表。

1969年青森県生まれ。東北大学大学院文学研究科修士課程修了（認知心理学専攻）。代々木ゼミナール講師時代、小論文を「文章表現ではなく問題解決能力の試験」と再定義することによって合格率を倍増させた。特に推薦対策の個別指導では早慶、医学部を含む第一志望合格率が９割を超える。

その確実なノウハウは受験生のみならず就活生やビジネスパーソンにも支持され、現在は文章力トレーニングの専門家として大手企業の社員研修に数多く登壇する。

また地方の高校向けにオンライン小論文講習会を積極的に開催。７つの高校をつなぎ200人規模の講習会を成功させるなど、オンライン講義の手腕にも定評がある。

著書に、『資料と課題文を攻略して合格答案を書くための　小論文のオキテPRO』、『何を準備すればいいかわからない人のための　総合型選抜・学校推薦型選抜（AO入試・推薦入試）のオキテ55』、『何となく解いて微妙な点数で終わってしまう人のための　現代文のオキテ55』（以上、KADOKAWA）、『採点者の心をつかむ　合格するプレゼンテーション・面接・集団討論』（かんき出版）など多数。

改訂版《かいていばん》 何《なに》を書《か》けばいいかわからない人《ひと》のための
小論文《しょうろんぶん》のオキテ55

2020年５月15日　初版発行
2024年６月30日　18版発行

著者／鈴木《すずき》 鋭智《えいち》

発行者／山下 直久

発行／株式会社KADOKAWA
〒102-8177　東京都千代田区富士見2-13-3
電話 0570-002-301（ナビダイヤル）

印刷所／株式会社加藤文明社印刷所

●お問い合わせ
https://www.kadokawa.co.jp/（「お問い合わせ」へお進みください）
※内容によっては、お答えできない場合があります。
※サポートは日本国内のみとさせていただきます。
※Japanese text only

定価はカバーに表示してあります。

ISBN 978-4-04-604467-9　C7081